VOGLIO ANDARE AD ALGHERO

GIANCARLO TILLOCA

GIANCARLO TILLOCA

Voglio andare ad Alghero

Note editoriali

"L'incomprensione è il terreno fertile in cui proliferano i microbi dell'odio." (Fabrizio Caramagna)

ISBN | 979-12-21045-89-5
Autore: Giancarlo Tilloca

Immagini di copertina: elaborazione Nartèus S.r.l.
Immagine di quarta: riproduzione quadro di Carlo Pietro Solinas noto come "Gatto"
Pagina libro: www.voglioandareadalghero.com
Pagina Facebook: Voglioandareadalghero
Pagina Facebook: Narteus
Pagina editore: www.narteus.it
© Copyright 2023 - Proprietà letteraria riservata Nartèus S.r.l.

Indice

Note editoriali	6
Indice	7
Capitolo 1	9
Capitolo 2	19
Capitolo 3	25
Capitolo 4	33
Capitolo 5	39
Capitolo 6	43
Capitolo 7	47
Capitolo 8	53
Capitolo 9	61
Capitolo 10	79
Capitolo 11	83
Capitolo 12	101
Capitolo 13	117
Capitolo 14	125
Capitolo 15	133
Capitolo 16	141
Capitolo 17	151
Conclusione	159
I luoghi visitati da Debora e Manu	161

Capitolo 1

Le incomprensioni possono creare vuoti difficilmente colmabili, i tentativi di chiarimento, voragini.

Roma, marzo

Avevo bisogno di lavorare ma non m'andava di pensarci. Quella sera dovevo partecipare ad un evento musicale: un ritrovo per nuovi talenti che si esibivano dal vivo. Ci andai con un biglietto rimediato per caso da un amico.

Il locale era una sorta di cantina rustica ricolma di gente d'ogni tipo. Sullo sfondo, appena rialzato, un palco per l'artista di turno. Sulla destra un lungo banco bar assediato dagli assetati.

Mi ci fiondai dentro immergendomi nella folla.

La barista più vicina a me era presa dal suo lavoro... non mi "cagava".

Urlai sbracciandomi, cercando di farmi notare: "Una birra bionda per favore!". La musica copriva le voci.

Di fianco a me una tipa borbottò qualcosa che non compresi: "Hai detto?"

"Ho detto... - si girò verso di me - che di passare la comanda non c'è speranza. Dovremmo trovare altre soluzioni."

"Tipo?"

"Dietro quei pilastri...".

Indicò l'angolo lontano tra il bar ed il palco: "Giù in fondo, c'è l'ingresso del laboratorio dove preparano gli stuzzichini, e lì dentro c'è la dispensa. Certo, è vietato l'accesso ai non addetti, ma lì troviamo da bere."

Tirò su le spalle come ad evidenziare l'assenza di altre opzioni: "Vieni con me?"

Allungò il braccio per presentarsi. "Io sono Manuela – disse - tu sei…?"

Le strinsi la mano: "Debora, sono Debora… piacere."

Avrei potuto aspettare al banco, evitare coinvolgimenti, ma la trovai subito simpatica, e mi parve affine al mio essere, mi sentivo a mio agio con lei, mi piaceva.

Arrivati all'ingresso del laboratorio mi disse di fare la disinvolta.

La gente era rapita dallo spettacolo, mentre i baristi erano assediati da una folla di persone.

Noi, di lato, ci imbucavamo come ladre, come se facessimo qualcosa di sbagliato, come clandestine del bere a "strappo."

Ci trovammo in uno stanzino ricolmo di casse d'ogni tipo di bevande alcoliche. Prelevammo due birre da 33 cl.

Manuela con fare scanzonato mi disse: "Certo sono calde, ma è il caso di pagarle… che dici?"

Sorrise e tirò fuori dieci euro, li posò sulla cassa dalla quale c'eravamo servite e sgusciammo fuori, nuovamente nella ressa, investite dai *decibel* imperanti.

Quella sera ci salutammo come se niente fosse successo, come se non ci fossimo incontrate per la prima volta in quella dispensa, come se non avessimo già riconosciuto nell'altra un'anima gemella, una persona rara e preziosa.

Certe volte ci si fa sfuggire occasioni di arricchimento, vere e proprie occasioni per rispecchiarsi l'uno nell'altro, e posso dire che fino ad allora, di specchi come quello ne avevo incontrati davvero pochi.

In certi casi avevo confuso "specchi" per superfici in latta. Ci si riflette ugualmente ma sono un "bidone."

Un giorno, mentre facevo una passeggiata, mi ricordai del caffè, l'avevo finito, così m'infilai nel *market* più vicino. Mi dissi: "Il caffè non deve mancare… mai!"

La vidi mentre era intenta nella scelta di qualcosa nello scaffale, proprio in quello dove avrei trovato il caffè: "Manu – le chiesi - sei tu?"

Si voltò distrattamente, le sorrisi, lei mica tanto. Scoprii in seguito che il suo sorriso lo elargiva a piccole dosi, e, direi, molto raramente.

"Manu..." dissi con il mio solito entusiasmo.

Rispose: "Debora... Ciao bella!"

"Che coincidenza beccarti qui vicino al caffè."

"Caffè? Che dici? Quale caffè?"

"Ah, ah, ah, dai... dico il caffè!"

Glielo indicai, ma restò perplessa.

"Sono entrata per comprare il caffè ed eccoti qui, poi dicono che son tutte balle..."

Mi osservò titubante: "Balle? Di che balle parli?"

Sorrisi compiaciuta: "... Che in questi casi interviene la legge."

"Debora – continuò abbozzando un breve sorriso - fatti capire."

"Mi riferisco alla Legge dell'attrazione! Dentro di me desideravo rivederti e *voilà*, ti sei fatta trovare."

Mi avvicinai osservando i prodotti che aveva davanti. "Cosa cercavi? – le chiesi.

"Una tisana – rispose - ma quando le ho di fronte, in qualche modo mi ipnotizzano e resto lì indecisa senza sapere che cosa scegliere. Mi attraggono tutte, devo fare quasi uno sforzo fisico per obbligarmi a leggere i gusti e sceglierne una."

"A me piace quella al gelsomino e vaniglia... roba buona!"

Le indicai la scatola gialla e verde con il disegno dei fiori di gelsomino.

La prese in mano, lesse gli ingredienti e tirò fuori una smorfia della serie: "Mah... proviamola... speriamo non faccia schifo" e la mise nel carrello.

Poi ci scambiammo il numero di telefono. Ci lasciammo con la promessa di trovare il tempo per un caffè per conoscerci meglio.

Ero seduta al tavolino del bar. La stavo aspettando; intanto il cameriere mi aveva chiesto per ben due volte, cosa desiderassi.

Non volevo ordinare prima che lei arrivasse, ma era un tantino in ritardo. Il bar era pieno zeppo ed il cameriere mi guardava di sghimbescio, immagino perché avevo occupato il tavolo e ancora non mi decidevo a ordinare qualcosa.

Finalmente la intravvidi dalla vetrata. Era una donna stupenda; scoprii in seguito che aveva trentaquattro anni, una gnocca da paura, un portamento affascinante che faceva trasparire una sicurezza invidiabile.

Le feci un cenno alzando la mano per farmi vedere; ricambiò. Si fece strada tra i tavolini e la gente che gremiva il locale, salutò calorosamente.

"Ciao Debora... come va?" disse mentre si accomodava.

"*Hola* Manu" risposi con un ampio sorriso sollevata dal suo arrivo.

"Dai, dimmi cosa prendi, c'è il cameriere impaziente e scalpitante." Lei abbozzò un sorrisino.

Non fece in tempo nemmeno a rispondermi. Il cameriere era già lì, improvvisamente si era materializzato... mi dava davvero ansia quel ragazzo.

"Cosa posso portarvi? – chiese felice che finalmente ci eravamo decise a ordinare.

"Io prendo un caffè ristretto, e tu Manu?"

"Vorrei un marocchino decaffeinato, in tazza di vetro con l'aggiunta di poca panna."

Il cameriere si dileguò in un attimo, ed io, abbassando la voce e sporgendomi verso Manuela aggiunsi: "Davvero? Un marocchino _dek_ in vetro con la panna? Ti accontenti di poco..." e scoppiai a ridere.

E finalmente mi rivolse un bel sorriso: "Io so quel che mi piace!", rispose continuando a sorridere.

Sorseggiando le bevande calde ci raccontammo a vicenda.

Lei archeologa con una passione sfrenata per il suo lavoro, specie quello sul campo. Io in cerca di lavoro, cacciatrice di sogni, e con il vezzo di buttar giù delle frasi che compongono una sorta di diario; più che altro un libricino che può servire da mantra:

"Ci frugo dentro ogni qualvolta ne sento il bisogno. Mi tranquillizza, mi tiene con i piedi per terra quanto basta. Sì, perché ho bisogno di volare... che sia verso l'alto oppure verso il basso... non importa... in entrambi i casi tendo a perdermi, a perdere le mie coordinate; allora apro il mio libricino e cerco, la frase che meglio mi indica la direzione.

Anche solo scrivere mi trasmette equilibrio, è come se una folata di vento mi portasse fuori rotta e, buttare giù i miei pensieri mi aiuta a ritrovare la giusta via, e ad ancorarmi all'esistenza. Mi aiuta ad esserci qui e ora, completamente presente."

Manu mi ascoltava ma il suo sguardo mi risultava indecifrabile.

Da come mi guardava non sapevo proprio cosa pensare. Mi stava prendendo forse per una pazza? O era davvero interessata a quello che stavo dicendo?

Come al solito m'ero fatta prendere dall'entusiasmo?

M'ero fatta trasportare dalla solita folata di vento?

Ma lei ruppe il silenzio e chiarì immediatamente i miei dubbi.

"Che meraviglia... è fantastica questa cosa, si vede che questa abitudine per te funziona, che ti è congeniale."

Ne ero sollevata, il suo commento mi fece lo stesso effetto rasserenante del mio libricino.

Stranamente omisi di raccontarle della mia vera passione, del mio sogno nel cassetto. Che poi – riflettei - chissà perché si dice così?

Il mio non lo era di certo... voglio dire... non lo riponevo mai nel cassetto, era sempre al mio fianco giorno e notte, ne assaporavo la presenza, pregustavo la sua realizzazione.

Era come se avessi l'acquolina in bocca. Non riuscivo a smettere di pensare ad altro, quasi come se fosse la cosa più deliziosa ed importante del mondo.

A quel punto Manu mi disse: "quindi cerchi lavoro...".

La osservavo mentre rimuginava tra sé; trattenni il respiro. Che cosa stava pensando? Era una archeologa, abituata a risolvere enigmi - considerai. Possibile che mi avesse lasciato così, con una semplice frase? *Cazzo, Manu -* Pensai tra me - *parla! Dai, parla!"*

Ma non parlava. Mi chiesi se stesse riflettendo mentre osservava il soffitto o forse il lampadario che c'era alle mie spalle.

L'avevo notato anch'io, davvero una porcheria esagerata.

Poi all'improvviso disse: "Ma lo sai che forse ho una dritta da darti per un lavoro? Certo non è niente di che, ma se ti accontenti...".

Altra pausa, altro silenzio, questa volta glielo dissi apertamente.

"Dai Manu... parla, tira fuori la voce, così mi fai morire", risposi sparando una risata nervosa.

"Ho un amico...".

"Finalmente! – osservai quasi esausta.

"Ho un amico dicevo, il quale ha un altro amico al quale serve un aiuto nel suo ristorante...".

Non la feci finire: "Ma è fantastico... ci sto!"

"Calma, non so ancora bene di che si tratta; non so nemmeno dove sia il ristorante, né quanto, e soprattutto se pagano, insomma non so niente...".

"Ho capito – risposi – possiamo informarci... comunque ci sto!"

Fu così che ottenni quel posto e così, piano, piano, le cose cominciarono a migliorare.

Il lavoro, anche se non è proprio quello che vorresti, ti cambia la vita... cambia tutto. Ti permette di guardare le cose da un'altra prospettiva, magari di rendere concrete le tue aspirazioni, di mettere le basi per una vita nuova. Volevo davvero che qualcosa cambiasse nella mia e soprattutto, desideravo realizzare il mio sogno.

Da poco avevo rotto con Marco e ci stavo ancora molto male. Ci sarebbe voluta davvero una botta di culo e la prospettiva di un nuovo lavoro, in qualche modo mi risollevava l'animo.

Marco ed io ci divertivamo molto insieme.

Di norma non sono possessiva, al contrario del mio ex che ogni tanto era davvero esagerato da quel punto di vista.

È normale che, all'inizio di una relazione, si tenda a adattarsi e conformarsi alle esigenze del partner. Questo può portare a un certo grado di autocensura e di perdita di sé.

È però importante ricordare che è sempre necessario rimanere fedeli a se stessi e alle proprie convinzioni, anche quando si è in coppia.

E' uno errore da evitare, perché di questo si tratta; è come uno stillicidio che forma degli accumuli via via sempre più difficili da gestire, che alla lunga si trasformano in muri invalicabili.

Potevo capirlo da precisi indizi, ma all'inizio c'era l'entusiasmo e la passione che formano una specie di nebbiolina carina e rinfrescante che non ti fa notare le cose in modo reale. E non ti accorgi di niente sino a quando la nebbia si dirada.

Una sera uscii con delle amiche con l'idea di trascorrere qualche ora di svago e di spensieratezza tutta al femminile. Questo per dire che Marco non avrebbe dovuto esserci quella volta. Così gli dissi che avrei partecipato a quella serata tra amiche. Lui non mi ostacolò. Da qualche tempo però - lo sentivo - era come se si sforzasse, che si trattenesse. Comunque, tralasciai sempre di affrontare il discorso, e anche quella sera non gliene parlai.

Si dovrebbe invece sempre parlare con il proprio partner, specie quando ci si accorge che c'è qualcosa che non va.

Quella sera facemmo dei giretti per i locali e ci bevemmo un bel po' di *cocktail* colorati, carini-carini. In un bar incontrammo dei ragazzi, uno era il fratello di una nostra amica. Ci offrirono da bere. Erano simpatici. Tutti scattavano foto; eravamo un po' sbronze, le facce immortalate in quelle istantanee lo dichiaravano apertamente: "Le ragazze hanno bevuto... i ragazzi... anche!"

Le foto furono postate sulla rete, e Marco si fissò in particolare su una nella quale apparivo con un biondino che mi abbracciava; entrambi eravamo sorridenti.

Non vi dico. Mi sparò un casino da paura. All'inizio partì moderato per finire poi in un trionfante "incazzo."

Cercai di spiegargli che quell'abbraccio non era niente di equivoco, che con quel tizio ci avevo parlato sì e no un paio di volte nel corso della serata, che eravamo tutti in gruppo e che era stato un incontro del tutto casuale...

Mentre cercavo di spiegarmi, la mia mente rifletteva su altri pensieri. Mi chiedevo: *"Ma cavolo... perché devo dargli delle spiegazioni? Devo proprio giustificarmi? Ma chi me lo fa fare? Nessuno può permettersi di tarparmi le ali, per nessun motivo, fanculo Marco, fanculo le foto, gli abbracci che neanche ricordavo, porc..."*.

Nel frattempo, continuavo con i miei tentativi di spiegazione mentre lui con un volume esagerato della voce si infervorava, gesticolava, mi accusava... non si capiva bene di cosa.

La mia mente era stanca di ascoltare, quindi si mise in modalità *"te ce manno"*. Non sentiva più quello che diceva, e non elaborava nessuna delle sue parole. Era solo lì, presente fisicamente, ma non mentalmente.

Quello sbraitava ed io cercavo il tempo giusto per inserirmi ma non stava zitto un secondo.

"Eh... – pensavo - *lo prenderai 'sto fiato prima o poi!"*

Improvvisamente tacque, forse si aspettava qualche altra spiegazione, qualche commento sull'accaduto e forse anche sulle sue elucubrazioni da demente; ah l'amore e i suoi misteri.

"Marco? Dai parla, spiegami, dimmi qualche altra cazzata...".

"Marcooo?"

"Allora?"

"Ma vaffanculo!"

Mi voltai e presi il largo.

È vero che le incomprensioni sono deleterie, che spiegarsi può peggiorare la situazione, ma io non avevo frainteso niente né volevo chiarire alcunché, e in questi casi credo sia necessaria una decisione risolutiva: o ti fidi di me, come io di te, o il "vaffanculo" è d'obbligo.

Capitolo 2

Le novità e i cambiamenti richiedono una disposizione mentale proiettata in divenire. Recriminazioni e ripensamenti ne bloccano il flusso. Mi piace il fluire dell'esistenza, nel godermela evito accuratamente la tentazione di rimanere nel passato.

Roma, marzo

Avevo iniziato con il nuovo lavoro da qualche settimana, e con Manu ci vedevamo spesso nei ritagli di tempo libero.

Lei era impegnata con il suo lavoro, ed io mi sbattevo con gli orari del ristorante.

Mi rimaneva poco tempo e non avevo la testa per coltivare il mio sogno, anche perché, vivendo ancora con i miei, dovevo conciliare impegni e passioni con la convivenza familiare.

Manu si lamentava perché non riusciva a gestire l'appartamento; poco tempo libero e troppo da fare. Inoltre, stava pensando di prendere un monolocale, più facile da pulire.

"...E poi... – disse - cosa me ne faccio di una stanza in più?"

Allora mi venne un'idea: "Beh potresti affittarmi la stanza che ti avanza."

Lo dissi più che altro scherzando, non avevo preso seriamente in considerazione questa possibilità, e poi lasciare la mia casa, i miei genitori, mio fratello...

"Debora, ma lo sai che hai avuto un'ottima idea? Potresti trasferirti da me, potremo darci una mano a vicenda, avresti il tuo spazio personale ed io il mio, il resto... è tutta condivisione."

"No, aspetta, scherzavo, non posso, come faccio? E poi c'è Gianni...".

"Gianni? Chi è Gianni? E perché dovrebbe essere un problema? Gianni resta a casa sua."

"Ah, ah, ah - risposi divertita - Gianni è il mio cagnetto, adorabile, un amorino."

"Hai un cagnetto adorabile? – chiese seria.

Sembrava leggermente contrariata, mi aspettavo un suo diniego. Le era forse passata la voglia di accogliermi?

Beh, certo non era in programma un animale in casa, ma potevamo darci delle regole, tutto si può risolvere.

L'abbracciai. Non so perché, non ci avevo ragionato su, ma lo slancio, anzi, il lancio delle mie braccia intorno al collo di Manu, dimostravano un entusiasmo che neanche sospettavo in me. La sua offerta, così improvvisa e non programmata, avrebbe dovuto spiazzarmi, forse avrei dovuto ragionarci un po' su, invece ero a mille, lo volevo davvero, ero letteralmente elettrizzata.

Mi presentai qualche giorno dopo con tutte le mie cose. Avevo comunicato la notizia ai miei che la presero fin troppo bene; non me l'aspettavo.

In effetti ci rimasi un po' male. Non mostrarono alcuna resistenza. Volevano forse liberarsi di me?

Certamente no, probabilmente volevano solo agevolarmi il volo, ed io ero proiettata in avanti come un uccellino che sperimenta per la prima volta l'indipendenza e cerca di testare le proprie capacità di cavarsela da solo.

"Ciao Manu, eccomi qui!"

Ero all'ingresso dell'appartamento ricolma di sacche, valige e vari oggetti che ritenevo indispensabili.

Gianni si fiondò all'interno a gironzolare per le stanze, sembrava avesse capito che da quel momento, quella sarebbe stata la nostra nuova sistemazione.

Manu mi fece cenno d'accomodarmi e mi mostrò l'appartamento: "Questo è il soggiorno, lì c'è il cucinino, quella è la mia stanza e questa è la tua...".

Posai le mie cose, lei continuò.

"Allora ci siamo, inizia l'avventura"; lo disse con un velo di preoccupazione che io percepii e compresi immediatamente. Anche io ero preoccupata, ma nello stesso tempo anche eccitata.

"Ok grazie Manu, vedrai sarò un'ottima inquilina."

"Non dire cazzate, non sei un'inquilina, sarai la mia compagna di viaggio, ci supporteremo a vicenda come due brave amiche."

Sorrisi elettrizzata: "Bene dai... mostrami dove sono le cose, faccio un caffè...".

Le nostre differenti personalità e abitudini di vita richiedevano attenzione e impegno.

Lei metodica e ordinata, io l'esatto contrario. Ma ci accordammo facilmente; ci imponemmo da subito delle piccole regole che avrebbero agevolato la nostra convivenza.

Il pelo che Gianni avrebbe lasciato in giro fu un problema da affrontare subito.

"Questo cane perde più peli di un orso. Come fa, dico io, un esserino così piccolo a spargere peli per tutta la casa?"

Era però qualcosa che non sapevo come risolvere, e del resto non potevo stare sempre a pulire casa.

Un giorno la vidi entrare con un pacco piuttosto ingombrante che sembrava pesasse molto.

"Cos'hai preso di così pesante?"

"Mo' lo vedi!"

Ero curiosa. Si mise a scartare il pacco e ne venne fuori un coso rotondo e piuttosto spesso.

"Ma cos'è? Un soprammobile futuristico?"

"Questa, cara mia, è la soluzione ai peli del tuo cagnetto."

"Davvero? Esiste una soluzione?"

"Ma certo, eccola qui, questo è un aspirapolvere automatico, mentre noi ci facciamo i fatti nostri e il tuo cane sparge peli dappertutto... l'aspirapolvere parte, si fa un giro per la casa e succhia ogni porcheria."

"Ma dai, che figata, dobbiamo dargli un nome."

"Mhmm, ci si sta! Vediamo... che ne pensi di Filippo?"

"Filippo? Ma no... dai, perché?"

"Beh è un nome da maggiordomo."

"Aspetta, aspetta... e se lo chiamassimo Arturo? Questo sì che è un nome da maggiordomo."

"Bene, aggiudicato!"

Arturo fece il suo lavoro davvero bene, il problema peli era praticamente risolto.

"Manu vado in camera mia a lavorare."

"Ah sì? A lavorare? E di che lavoro si tratta, intendi il libriccino?"

"Ehm, non proprio, non ti ho detto che sto scrivendo una sceneggiatura, scusa...".

"E scusa de ché? È una bella sorpresa – ammise - ma quanto è creativa la mia amichetta?"

Manu mi chiese il soggetto della sceneggiatura. Le spiegai a grandi linee che lavoravo ad una storia che avevo creato io stessa e di cui desideravo esserne la protagonista.

M'aspettavo una qualche presa per il culo, invece mi assecondò; sembrava lieta di quel mio vezzo, anche se per me era molto più che un vezzo, era il volo tanto agognato.

Ero determinata, ma non pretendevo che gli altri comprendessero fino in fondo cosa questo rappresentasse per me, e mi faceva davvero piacere il suo modo di fare; non avrei sopportato che ci scherzasse su, era il mio nervo scoperto.

"Quindi la protagonista? Intendi la protagonista della storia giusto?"

"Anche, ma soprattutto la protagonista del film."

"Ah però, e chi ti ferma!?"

Grande Manuela, l'adoravo.

In effetti io ero quella più espansiva, mi aprivo molto con lei; invece, al contrario, lei non si apriva affatto con me.

Sentivo che faticava molto a confidarsi, ma ognuno è come è.

Di certo non avevo nessuna intenzione di forzarla, inoltre volevo godermi ogni istante di quella nuova situazione e, se qualcosa avevo imparato, era che non si deve cercare di cambiare nessuno, sarebbe deleterio e del tutto fuori luogo. Il cambiamento è un processo naturale, avviene in noi durante il viaggio. Forzare le cose non funziona, rovina tutto, in ogni campo.

La convivenza non era certamente facile, ma sembrava ci riuscisse piuttosto bene, con qualche scaramuccia certo, qualche ghigno di disapprovazione e alcuni compromessi, ma funzionava.

Mi rendevo conto che bisognava fare attenzione, se possibile anticipare gli eventi evitando di uscire dalle regole, ma chiaramente, chi può vivere in quello stato?

Quindi semplicemente vivevo, anzi convivevo.

Capitolo 3

Se una rondine non fa primavera, un merlo che "scagazza" il balcone, apre i cancelli della fortuna. Forse, chi lo sa? Di certo porta lavoro: devi pulire il balcone!

Roma, aprile

Manu rientrò all'imbrunire, io stavo organizzando la cena.
"Ciao, ci sei?"
"Ciao Manu sono in cucina, sto preparando qualcosa da mettere sotto i denti."
Non era per nulla usuale che mi mettessi ai fornelli, ma mi era venuta voglia di una bella pasta alla carbonara.
"Cucini? Cambia il tempo allora?"
"Fai la spiritosa anche? Dai... vieni a vedere, oggi ti faccio morire, oggi cucina lo *chef*!"
Ci mettemmo a tavola. Non riuscivo a trattenere una certa irrequietezza, istintivamente cercavo di nasconderla, chissà perché?
"Cos'hai? Mi sembri un po'... non so... diversa."
Mica la fregavi la ragazza. Manu è sempre stata, per così dire, molto attenta ai dettagli.
"Cioè? In che senso diversa?"
Cercavo ancora di fregarla senza un vero motivo; forse, da parte mia far trapelare certe sensazioni intime, mi faceva sentire vulnerabile, quasi che come fossi in fallo per qualcosa, un po' come il bambino beccato in cucina a rubare i biscotti dal barattolo.
"Mmh... ti vedo più luminosa e saltellante."
"Saltellante? Sono seduta!"

"Vero, ma è come se fossi seduta sulle molle, e poi il tuo viso...".
"Il mio viso cosa?"
"È ... più bello... ecco!"
"Luminosa, bella...? - chiesi - di solito sono spenta e cessa."
"Dai falla finita, devi dirmi qualcosa, cos'è successo?"
"Incredibile, ma cos'hai un'antenna scova inganni?"
"Allora, vuoi parlare?
"Ok, ok. Oggi ho finito la sceneggiatura!"
Manu saltò in piedi, venne dalla mia parte e mi abbracciò affettuosamente sbaciucchiandomi e scompigliandomi i capelli con le mani.

Festeggiammo con una bottiglia di buon rosso, brindammo, scherzammo, ci abbracciammo... e il vino diede il suo effetto inebriante.

Ci svegliammo al mattino ancora sul divano, tutte intrecciate, così come ci eravamo addormentate la sera prima.

Dovevo organizzarmi, trovare il tempo per fare delle copie della sceneggiatura da distribuire. Non basta scriverla, poi la devi piazzare e la cosa non è per nulla facile.

Al mattino andavo in copisteria, ritiravo il materiale e con una serie di indirizzi che m'ero procurata, mi recavo da "Mail Boxes Etc."; ormai ero cliente fissa. Poi subito al ristorante.

Una volta terminato il lavoro, rientravo a casa per riprendere fiato.

Fermai il motorino, levai il casco e varcai la porta.

Appena aperta udii una voce provenire dall'interno.

"Benvenuti da Mail Boxes Etc. in cosa posso esservi utile?"
"Letizia... magari alza la testa prima di far partire il pilota automatico... ah, ah, ah."

"Debora sei tu? Ciao eh. Ormai non ci penso più, quando sento la porta, parto!"

Letizia era un amore di ragazza, molto carina, un tantino impacciata, ma proprio per questo adorabile.

"Vuoi spedire altre copie del tuo lavoro?"

"Ma certo, è chiaro, bisogna bombardarli."

"Cavolo, ma come fai? Sei incredibile, vorrei avere anch'io la tua determinazione."

"Senti un po'... *Letì*... visto che ti avevo promesso un caffè l'ultima volta che ci siamo visti, non è che ti liberi *e ce n'annamo*?"

"Guarda, io smonto fra dieci minuti. Appena arriva il mio collega sono libera."

Dopo un po' montammo in sella al motorino e partimmo. Letizia seduta dietro urlò: "Dove andiamo?"

"Ti porto al bar del lampadario."

"Non lo conosco."

"E' perché non si chiama così, l'ho battezzato io così ah, ah, ah."

Non riesco a spiegare il motivo per cui quel giorno decisi di recarmi nel bar dove avevo incontrato Manu, il luogo dove avevamo condiviso le nostre storie, dove era iniziata la nostra avventura insieme. Forse lo trovavo già familiare, come se fosse diventato un punto di riferimento per me.

Entrammo. Il cameriere mi notò subito. Ci guardammo, mi scappò da ridere ma mi trattenni.

Mentre il mio sguardo s'incrociava con il suo, indicai un tavolino con l'indice; assunsi un'espressione maligna. Lui fece un cenno con la testa senza cambiare espressione, ma percepii un sorriso... seppur invisibile... come venisse dal di dentro.

Ci accomodammo. Sono sempre curiosa di sapere che cosa ordinano gli altri, puoi capire molto da ciò che la gente gradisce consumare al bar.

"Cosa prendi?"

"Non so, fammi pensare."

Intanto il cameriere s'avvicinava. Immaginai una colonna sonora tipo "Carmina Burana". Lui che avanzava, la musica che saliva progressivamente sempre più forte, sempre più forte e i tamburi che pompano a mille.

L'ansia saliva... l'avevo detto che il ragazzo mi metteva ansia. La musica era al culmine, i passi si erano fatti pressanti; arriva, si piazza davanti a noi, le mani conserte come a cercare calma, serenità.

"Salve, cosa posso portarvi?"

"Io prendo un caffè ristretto... tu Letizia?"

"Per me un *ginseng* macchiato con latte di soia e una spolverata di cacao."

Ricordo di aver pensato: *"questa è peggio di Manu."*

Il cameriere si dileguò, la colonna sonora sparì.

Avevo sempre avuto la sensazione che il mio percorso dovesse portarmi in luoghi sconosciuti e affascinanti. Dove sarei arrivata? Cosa mi riservava il futuro?

Era una strana sensazione, ma sapevo che la vita riserva sempre delle sorprese, tutto ciò che t'aspetti, in qualche modo si delinea in risvolti che non avevi considerato.

Fino a quando non compresi quale direzione prendere, beccheggiavo come una barca alla deriva.

Letizia mi riportava a quei tempi, com'ero in quei frangenti, mi faceva pensare a come mi sentivo; all'angoscia di non conoscersi a fondo, di avanzare senza meta.

Ma sapevo bene come lei si sentiva, provavo l'impulso irrazionale di darle una mano. Il suo sguardo dolce e sperso mi parlava, comunicava con me in assoluto silenzio.

Ancora una volta avevo incontrato una superficie nella quale specchiarmi.

Mentre l'avevo davanti, seduta al tavolino del bar, mi venne in mente un racconto taoista che avevo letto da qualche parte.

Si trattava di un uomo alla ricerca di risposte sul Tao.

Il maestro gli consigliò di recarsi sul monte, non ricordo il nome, che si trovava lontano, in un'altra regione, in cima al quale avrebbe trovato un tempio con una fonte, nella quale risiedeva la risposta al suo dilemma.

Il viaggio era molto pericoloso, doveva affrontarlo a piedi e attraversare regioni desolate e sconosciute.

Durante quel pellegrinaggio incontrò varie difficoltà e alcuni personaggi che come lui cercavano risposte e mettevano in pratica varie strategie per risolvere i loro dilemmi.

Ne ricordo uno in particolare: c'era un tizio che s'era immerso completamente nudo nell'olio. Lo incontrò in mezzo al deserto, dentro questo contenitore che gli arrivava fino alle spalle. Spuntava solo il capo e parte del collo; c'era una piccola tenda vicino a lui a fargli ombra.

Il ragazzo gli chiese cosa facesse lì immerso nell'olio, e quello gli rispose che aspettava che quel liquido denso gli consumasse a poco a poco l'organo riproduttivo.

Assurdo certo, per trovare il tao - secondo lui - doveva rinunciare al sesso tramite l'eliminazione dello strumento fonte delle sue pulsioni.

Comunque, il viaggio proseguì e incontrò altri personaggi assurdi con soluzioni fantasiose e inverosimili.

Infine, riuscì ad arrivare sul monte. Si avvicinò alla pozza al centro della quale c'era una piccola vasca circolare posta su un piedistallo. Si sporse per guardarne il contenuto, e l'acqua si trasformò in uno specchio.

Il maestro volle insegnargli che era necessario guardarsi dentro, che le risposte non vanno cercate altrove, ma in noi.

Letizia voleva raccontarsi, ne aveva bisogno, e lo fece.

Mentre mi parlava delle difficoltà nel non riuscire a trovare uno sbocco, dei lavori presi e lasciati tutti poco stimolanti, delle tante umiliazioni subite e di qualche momento lieto, mi resi conto che la sua persona mi procurava delle forti emozioni; sentivo in lei qualcosa di affine, la sua dolcezza era disarmante, non potevi che amarla.

Eppure, dai suoi racconti, sembrava fosse incappata in persone orribili, che l'avevano maltrattata e umiliata, ma, nonostante tutto, era restata un essere splendido, oserei dire puro.

Come si fa, dico io, ad accanirsi su qualcuno di così raro? Mi sentivo fortunata, certo anche io ne avevo incontrati di personaggi orrendi, ma la mia natura non mi aveva mai fatto sprofondare; sono fatta così, e gli eventi recenti mi avevano accarezzato l'esistenza; l'incontro con Manu, la splendida Manu, il completamento della mia sceneggiatura...

Ed ora lei, Letizia. Mica capita tutti i giorni d'imbattersi in esseri così simili a te. Ora ne avevo addirittura due accanto nello stesso tratto d'esistenza.

"Bene Letizia, finalmente ci vediamo fuori dal lavoro, allora? Cosa mi racconti?"

"Sono contenta che tu abbia trovato il tempo per offrirmi un caffè."

"Beh, più che altro, a giudicare dalla tua ordinazione direi... un pasto."

Attaccammo a ridere.

"Era una promessa, tu sei sempre stata così gentile, te lo meriti."

"Ancora mi chiedo come fai a trovare tanta determinazione."

"Guarda che non è mica così, io cerco di portare avanti un sogno, ma continuo a ricevere mazzate in faccia, cosa dovrei fare? Schivarle? Scappare? Resto lì, prima o poi la ruota gira dalla parte giusta, non si dice così?"

Continuammo a bevicchiare e a parlare per un po'. Venne fuori che anche lei aveva un sogno e una vocazione artistica molto singolare.

"A me piace creare degli oggetti sai, prendo cose avanzate, tipo vecchi tubi, catenelle, tazze di latta, altre robe del genere, poi le assemblo, le saldo e ne faccio oggetti di *design*, tipo lampadari, soprammobili, porta gioie... insomma, complementi d'arredo."

Trovai la cosa entusiasmante, mi feci promettere che un giorno mi avrebbe mostrato le sue opere. Mi ripromisi di ragionarci su, mi sarebbe piaciuto trovare il modo di promuovere i suoi lavori. Come ho detto avevo l'impulso di darle una mano.

Capitolo 4

Aprirsi, liberarsi della corazza e delle maschere, è un azzardo. Trattieni le protezioni come fossero un tesoro, ma è davvero questa la soluzione?

Roma, aprile

Verso le dieci mi presentai come al solito al ristorante.

Gennaro, il mio capo quarantenne imperituro, era intento a fare qualcosa dietro il banco bar.

Mi avvicinai, ci salutammo.

Dal retro, nelle cucine, si sentiva un chiacchiericcio piuttosto acceso. "Che succede?"

Gennaro mi rispose senza guardarmi e con il capo chino continuava a lavorare. Si respirava un'aria tesa, alquanto pesante.

"Oggi gira male, il cuoco s'è incavolato, hanno fatto un casino durante la preparazione della linea."

Lasciai stare, non chiesi altro, entrai nello stanzino dove c'erano gli stipetti e cominciai a cambiarmi.

La divisa era semplice: un paio di *leggings* neri, una *t-shirt*, anch'essa nera con una scritta in grassetto bianca: *"Da Gennaro"*.

Le scarpe erano state motivo di discussione; io chiedevo di poter usare calzature comode, Gennaro pretendeva i tacchi; alla fine ci accordammo per un paio di scarpe sportive con il fondo rialzato, nere e con dei baffi bianchi.

Mi misi all'opera. Sistemai i tavoli. Dopo aver apparecchiato aggiunsi al centro di ognuno un barattolo in vetro che fungeva da vaso porta fiori. "Gennaro i fiori di oggi?"

"Sono nel retro, non entrare in cucina... per carità."

I cuochi si sa, sono piuttosto suscettibili, specie se la squadra fa dei casini, ma essendo un mestiere decisamente stressante, è facile che l'esaurimento nervoso sia sempre in agguato.

Sbirciai nel retro in prossimità della cucina. Dopo aver constatato movimenti piuttosto convulsi, braccia che gesticolavano platealmente e dopo aver udito diverse imprecazioni e constatato che la squadra si muoveva come fosse inseguita da un *pitbull*... accelerai il passo.

Sulla destra, poggiate sul piano, c'erano le cassette con i fiori: tulipani azzurri davvero splendidi.

Li misi in alcuni vasetti e completai l'opera.

Ormai era quasi ora di aprire il locale; mi feci un caffè e scambiai due chiacchiere con il capo, che nel frattempo mi parve si fosse rasserenato. La cucina finalmente taceva, eravamo pronti.

Tutto a un tratto vidi entrare Manu. Fui sorpresa, dietro di lei un tizio piuttosto belloccio.

Manu si avvicinò seguito da questo ragazzo.

"Ciao Deby", disse. Mi parve strano quel vezzeggiativo.

"Ciao Manu - risposi - come mai qui?" Restai fredda, molto professionale.

"Lui è Mattia", poi precisò: "un amico." Non l'avevo chiesto.

"Vorremmo pranzare, come siete messi?"

C'era un tavolo libero per due in fondo alla sala, quindi li invitai ad accomodarsi.

Ero stranamente infastidita, non ne capivo il motivo, ma era questa la mia impressione.

Comunque li feci sedere. Il tizio belloccio tirò fuori qualche battuta niente male, ma constatai quasi subito che mi stava sul culo, in realtà senza una ragione ben precisa. Capita.

Mentre servivo ai tavoli lo sguardo cadde su quella coppia così mal assortita.

Cosa ci faceva Manu con un elemento simile? Perché non me ne aveva mai parlato? Era solo un amico? E quanto amico? Fino a che punto?

La mia mente era in subbuglio, ero nervosa e non riuscivo a concentrarmi. I miei pensieri correvano a mille, e mi sembravano sempre più assurdi, quasi delle elucubrazioni da psicopatica.

Stavo portando un vassoio con i digestivi al tavolo dodici, l'occhio cadde nuovamente su quella strana coppia. Il belloccio di fronte a Manu le prese la mano che teneva poggiata intorno al calice dell'aperitivo offerto dalla casa e l'accostò alle sue labbra. Sobbalzai, mi cadde il vassoio e i digestivi finirono sul pavimento procurando un fastidioso rumore di vetri infranti; era proprio così che mi sentivo.

Avvampai, purtroppo anche i professionisti sbagliano. Mentre i commensali si concentrarono nuovamente sul loro pranzo, io sistemai tutto. Gennaro mi fulminò con lo sguardo. Sorrisi.

Manu sembrava compiaciuta dalle *avance* di quel tizio belloccio che pareva alquanto soddisfatto, probabilmente era convinto di aver fatto colpo.

"Fatto colpo un cavolo!" Ero incazzata nera, delusissima da Manu, la mia irrazionalità era al limite, mi resi conto che forse, si trattava di una qualche forma di gelosia e di possessività nei confronti della mia amica.

Il tempo s'era forse rallentato?

Quel pranzo sembrava non volesse finire mai, avevo l'impressione di essere sottoposta a una vera e propria tortura. Gennaro si avvicinò e mi sussurrò all'orecchio: "Cos'hai? Si può sapere che ti succede?"

Incredibile, era così evidente? E se si era accorto Gennaro che è notoriamente distrattissimo, Manu ne era consapevole? Si era resa conto di quello che mi stava succedendo?

Col cavolo, quella era troppo presa a fare gli occhi dolci al belloccio; ma dimmi tu se mi dovevo torturare in quel modo.

Finalmente la gente sciamava.

"Grazie, arrivederci, alla prossima". Sorridevo ai clienti che uscivano, salutavo con la manina, ma dentro di me ero un vulcano in ebollizione.

In me, in quel momento, avvenivano migliaia di piccole morti, erano come delle bolle di sapone che scoppiavano repentinamente.

Guardai la coppia che si stava alzando. Lui le offrì il suo aiuto per alzarsi spostando la sedia. Che cavaliere, che galantuomo... Dio come mi stava sul culo.

Bruciavo dentro, forse anche un po' fuori, avrei voluto urlare, ribellarmi. Mi sorpresi a desiderare, che so, un inciampo, una qualche figuraccia di quel bellimbusto, ma niente, il tipo sapeva muoversi bene, aveva un bel portamento, col cavolo che inciampava.

Arrivarono alla cassa, cercai di ricompormi, di fingere che tutto andasse bene ma sapevo che Manu aveva "l'antenna scova inganni"; prima o poi mi avrebbe beccata.

Mi sorrise, anche il tizio lo fece. Mi passarono davanti e arrivarono alla cassa, Manu si voltò verso di me. "Ci vediamo stasera" e mi spedì un bacio sorridendo calorosamente. Annuii, ma mi venne fuori uno strano ghigno sul viso, cercai di correggerlo... sorrisi anch'io.

Mi diressi ai tavoli per iniziare a sparecchiare, intanto Manu e il suo accompagnatore si avviavano verso l'uscita; li osservai dileguarsi, ma mentre varcavano la porta, Manu si voltò di nuovo verso la sala e mi sorrise... ricambiai.

Per qualche giorno non avemmo occasione di parlare. Quando una delle due rientrava, l'altra era già a letto. Le mattine nelle quali eravamo entrambe in casa, scambiavamo solo qualche battutina di circostanza.

Capitolo 5
Si dice che i sogni siano un modo per la mente di liberarsi dalle emozioni negative. Ma io sogno da sveglia, e i miei sogni non sono tossine ma carburante per la mia esistenza.

Roma, aprile

Una mattina, ero in pigiamone e armeggiavo sul portatile, stravaccata sulla sedia nel soggiorno.
"Debora!"
"Che c'è?" risposi distrattamente.
"Debora!" Mi voltai quasi infastidita "Dimmi!"
"Lo specchio del bagno è tutto pieno di schizzi."
"Beh non sono stata io, non mi sono ancora lavata."
"Quindi vorresti dire che sono stata io? Credi che mi metta a schizzare lo specchio così per divertimento?"
"Non lo so, io no di certo. Ho fatto pipì e sono uscita subito, anche perché il profumo che usi mi fa sempre starnutire…".
"Nooo non mi dire?"
"Mi sa di sì."
"Che schifo, credevo fosse crema."
"Dai non è niente, due goccioline… tranquilla, pulisco io."
"L'ho già fatto, era moccio, che SCHIFO."
Continuai la lettura: "*… forse si tratta davvero di fare del futuro un motore potente; ma deve essere un futuro per cui valga la pena. Bisogna imparare a immaginarlo. E poi tradurlo in progetti. In modo che sia un futuro attraente, un futuro da sognare, da ricordare con una dolcezza velata di rimpianto…*".
Il libro di Riccardo Fesce "Che cosa farai da grande?"
Il pigiamone mi teneva al caldo, ed ero davvero concentrata su ciò che leggevo; mi colpì in particolare una

frase che combaciava perfettamente con la situazione che stavo vivendo: *"... Saper gustare l'intensità e la bellezza di ogni momento, qui e ora, ma non lasciarsi sfuggire l'emozione e la meraviglia di vedersi scrivere, ogni istante, una pagina della propria vita..."*.

"Eh sì caro Riccardo – pensai - *sei proprio un grande, hai scritto delle cose bellissime!*"

Ero così presa dalla lettura che non ascoltai ciò che diceva Manu: "Sto uscendo... ci vediamo stasera, questi sono i soldi per il condominio, quando esci dalli alla signora Iolanda."

"Debora, mi ascolti?"

"Eh? Mmh... cosa?"

"Cos'ho detto?"

"Debora mi stai ascoltando?"

Sollevò lo sguardo al cielo come per attirare a sé tutta la pazienza dell'universo, poi mi fissò, osservò il tavolo e disse:

"Ma che ti costa mettere una tovaglietta? E ricordati di sistemare questo casino."

"Tranquilla sistemo tutto."

Non vorrei apparire come una sciattona, non lo sono davvero, però non ho l'ansia dell'ordine ad ogni costo, faccio casino per quel che mi serve, e sistemare non è una priorità, lo faccio con calma.

Appena Manu mi salutò e si diresse verso l'ingresso, aspettai qualche secondo, poi...

"Gianni! Gianni! Puoi uscire, è andata via!"

Il mio amorino venne fuori scodinzolante.

"C'è la colazione sul tavolo...".

Gianni non se lo fece ripetere due volte, saltò sul tavolo e prese a spazzolare i resti della colazione.

A quel punto apparve Manuela: "Lo sapevo! Vergognati!"

Gianni, percependo la mala parata, si defilò in camera con la coda in mezzo alle gambe.

"Guarda, non ho parole!"

"Ma dai... non può mica stare tutto il giorno relegato in camera, non è giusto."

"Nella zona comune no, devi rispettare gli accordi."

"E pensare che lui ti ama incommensurabilmente" scelsi e scandii il termine appositamente per rimarcare ironicamente il concetto.

"A sì? Non c'è storia, se lui rimane vado via io!" Era una sorta di gioco quello di minacciare dispetti reciproci, così le dissi: "Non stare a preoccuparti, vado via io!"

Manu: "Va bene" e fece per andarsene.

Le urlai dietro: "Tranquilla, vado via io... Gianni resta!"

Manu: "Fottiti!" Si chiuse la porta alle spalle. Mi scappò una risata nervosa. Gianni riapparve immediatamente, sapeva il fatto suo.

Capitolo 6

I rigurgiti del passato possono invadere e distoglierti dal compimento del presente. Non indugiare nel crogiolarti, nel rimuginare. Procedi spedita.

Roma, aprile

Dopo aver completato la sceneggiatura mi sbattevo per cercare di piazzarla, era un lavoro che svolgevo quotidianamente.

Le giornate erano frenetiche. Dividersi tra il ristorante, che mi prendeva molto tempo, le corse da Letizia per spedire le copie, la casa da sistemare a turno con Manu... era davvero sfiancante.

Anche se impegnatissima, la mente manteneva vivo il pensiero della ricerca di uno sbocco. Non me ne rendevo conto, ma era davvero un chiodo fisso.

Mentre servivo ai tavoli, mi pareva che l'attenzione a ciò che facevo, fosse pervasa dalla preoccupazione di non riuscire a realizzare il mio progetto. Temevo quella sensazione, era come se mi riportasse indietro, ai tempi in cui ero timida e timorosa.

Evitavo di espormi per paura di deludere gli altri. L'insicurezza caratterizzava la mia esistenza. Quando è la paura a prevalere, tendi a non credere in te stessa, a sminuire il tuo valore. Più ti nascondi dentro quella gabbia, più quelle brutte sensazioni aumentano di intensità, incrementando paure irrazionali che ti sminuiscono rendendoti vulnerabile.

Così ti senti piccola e indifesa. Cerchi di reagire ma ti preoccupi di piacere a tutti i costi, e questo è l'errore peggiore.

Non so bene quando decisi di dare un taglio netto a tutto questo, non ci fu nessun episodio in particolare che mi portò a questa decisione, so solo che a poco a poco mi convinsi di dover cambiare, non dovevo più occuparmi di piacere agli altri, ma, invece, chiedermi cosa piacesse a me, cosa volessi io.

Volevo sentirmi sciolta, non intrappolata in una rete, avrei voluto qualche volta fare il broncio, tornare un po' bambina, ridere per il gusto di farlo, godermi la vita senza sentirmi in colpa, senza recinti né preconcetti.

Mentre prendevo un'ordinazione al ristorante, o quando rassettavo la casa da sola, non appena la mente vagava per quei meandri nei quali si addentrava spontaneamente, cercavo di scuotermi, mi dicevo: "Eh no bella mia, falla finita, ora sei un'altra, ora sei tu a condurre il gioco."

In quel marasma di impegni e di ritmi frenetici in cui io e Manu eravamo immerse, non ci restava molo tempo per goderci qualche attimo di relax insieme.

Una sera ci ritrovammo entrambe in casa ad un'ora decente, cosa piuttosto rara. Manu sprofondò sul divano con un gesto plateale che evidenziava una stanchezza molesta. Mollai il portatile e versai da bere, le porsi il bicchiere e mi piazzai al suo fianco.

"Allora? Una vitaccia eh? - mi disse, con il calice poggiato sulle labbra, poi mandò giù un sorso di rosso.

"Già, ci voleva proprio un po' di tranquillità."

Avrei voluto chiederle del belloccio che aveva incontrato qualche giorno prima, ma ci girai intorno, non volevo essere invadente, però dentro di me fremevo, volevo sapere.

Fu lei a tirare fuori l'argomento. Mi stupì con quanto distacco ne parlasse, come se lui, il belloccio, fosse un'entità avulsa dalla sua vita. Dovetti infine, provare a indagare, ma non sembrava molto interessata all'argomento.

Ricordo che ebbi una sensazione strana; mi sembrò che Manuela avesse un rapporto controverso nei confronti del genere maschile, come se volesse tenersi alla larga dalle questioni sentimentali. Il suo pensiero mi parve intriso di diffidenza. Non volli insistere oltre, mi piaceva stare lì, noi due sole, insieme, in un momento sereno, godibile; non volevo rovinare tutto.

Capitolo 7

Alcuni luoghi sono abitati da esseri subdoli e pericolosi, che sanno ingannare, e tentano di trasformarti in una preda. Sta a te scegliere se vivere nel terrore o scrollarteli di dosso lasciandoli marcire nella melma in cui sguazzano.

Roma, aprile

Al ristorante avevo notato alcuni atteggiamenti stravaganti di Gennaro, ma non gli diedi troppa importanza. In un ambiente di lavoro in cui si è così a stretto contatto, è necessario creare armonia tra i colleghi magari scherzando un po' per alleggerire la tensione.

Piccole battute innocue al volo mentre passi per portare i piatti ai tavoli o per chiedere il conto, insomma per rendere le ore di fatica meno gravose.

Avevamo pochi clienti quel giorno, ed in quei casi non vedi l'ora di andare via, ma c'è sempre la tavolata che prolunga il pasto all'infinito, sono quelli che dopo il giro di digestivi ne fanno un altro, e un altro...

Io stavo ferma in attesa, avevo già sistemato tutto e mancava solo il loro tavolo. Aspettavo che si decidessero a chiedere il conto.

La tavolata parlottava, i commensali scherzavano tra loro e bevevano *shottini* di continuo, senza minimamente preoccuparsi del lavoro altrui.

M'avvicinai al bancone, Gennaro era intento a fare i conti.

"Non finiscono più..." - lo dissi sussurrando.

Gennaro sollevò lo sguardo e, senza alzare la testa rispose: "Sai chi sono quelli?" Di certo non lo sapevo.

Mi spiegò che venivano tutti dall'ambiente del cinema. M'indicò il tizio che stava a capotavola. A quanto pare un produttore della "Cine Star"; un altro del gruppo era un regista, la tipa stravaccata sulla sedia era una sceneggiatrice...

Insomma, una bella tavolata. Mi si illuminò lo sguardo, poteva essere un'ottima occasione per piazzare il mio lavoro.

Mi voltai verso Gennaro che, nel frattempo mi prendeva in giro perché non li conoscevo: "E vuoi anche fare un film...".

Ordinarono un altro giro di liquori alzando semplicemente una mano e roteando un dito allo stesso tempo. Passai dietro il banco e iniziai a preparare *shottini*.

Gennaro, che era vicino alla cassa, più o meno all'estremità del bancone, s'avvicinò per spostarsi un po' più il là, e per farlo mi passò dietro proprio mentre con una mano alzata e in punta di piedi, stavo cercando di prelevare una bottiglia di grappa dalla vetrina; cosicché mi si strusciò addosso in modo alquanto equivoco; io tentai di scostarmi ma lui mi spinse sugli scaffali delle bevande immobilizzandomi.

Non potevo muovermi, respiravo a fatica, sentivo la disperazione avvolgermi...

Di colpo la pressione diminuì, si scostò e passò oltre.

Ero incredula e incavolata, avevo il sangue alla testa e sentivo il battito picchiare duro nelle tempie. Quel porco ci aveva provato.

Mi muovevo come un automa, sembrava che il mio cervello si fosse spento. Continuai comunque a fare il mio lavoro, ma le mani mi tremavano e facevo fatica a centrare i bicchierini mentre versavo i liquori.

Gennaro tornò indietro e cercò di ripetere lo stesso gesto. Mi ripresi da quel momentaneo *blackout*, lo spinsi via in malo modo e lo fissai negli occhi a muso duro.

Ebbe la faccia tosta di dirmi che quelle che non ci stavano, da lui non duravano molto e che a licenziarle ci pensava la moglie.

Poi si fece una grassa risata. Presi il vassoio per portarlo al tavolo. Ero incazzatissima, ma avevo già preparato il plico della sceneggiatura vicino al tavolino delle posate posto lungo il bancone per prelevarlo mentre passavo per servire i digestivi. Non potevo perdere quell'occasione. Dovetti calmarmi, respirare a fondo e mettere in *stand by* quello che era appena accaduto.

Arrivata al tavolo distribuii i digestivi, e con un enorme nodo in gola trovai la forza di proporre la mia sceneggiatura al tizio seduto a capotavola.

I commensali fecero un po' di battute tra loro, forse mi stavano prendendo in giro, ma io non mollai la presa e tenni lo sguardo fisso sul tizio al quale volevo consegnare il mio lavoro; il braccio teso e nella mano i fogli della sceneggiatura.

Mi guardava incuriosito ma non profferiva parola. Io pensavo a ciò che era appena accaduto dietro al banco bar.

Ero come in *trance*, disorientata, tanto che il produttore scambiò quell'atteggiamento per determinazione; prese i fogli del mio lavoro promettendomi di dargli un'occhiata. Mi ripresi, tornai alla realtà. Ringraziai e li lasciai alle loro bevute.

Dopo un po' venni chiamata in ufficio, sapevo che lì c'era la moglie di Gennaro, era sempre chiusa lì dentro a curare la contabilità. Entrai titubante.

"Sara mi cercavi?"

La moglie di Gennaro era una donna sui quaranta, si occupava della gestione delle scartoffie, mai stata affabile, una persona molto professionale.

Ero ancora scossa, non sapevo come gestire le emozioni che provavo in quel momento, ma non ebbi il tempo di pensarci troppo perché Sara, con modi spicci e scortesi mi accusò di averci provato con il marito. Non potevo crederci. Posò un foglio davanti a me e disse: "Ecco, firma!" Mi stava indicando il foglio di licenziamento.

Firmai senza dire niente. Lo raccolsi con il braccio tremante per darglielo.

Mi cacciò senza diritto di replica.

I miei tentativi di spiegare la situazione non servirono a niente, avrei voluto dirle quanto era infido il marito, quanto fosse schifoso, davvero un grande porco, ma tacqui.

Attraversai la sala a passo spedito senza voltarmi verso Gennaro, varcai l'uscita, montai sullo *scooter*, infilai il casco e partii.

Credevo che l'agitazione e la rabbia per ciò che era successo mi accompagnassero per molte ore; invece, con grande sorpresa mi sentii quasi subito stranamente calma; ricordo che pensai: *"E' vero, ci ha provato quel maiale, è vero, è un bugiardo e anche un porco. La moglie mi ha cacciato convinta che fosse colpa mia, va bene, brava, un applauso ma da oggi in poi non li rivedrò più, sono libera. Loro invece sono prigionieri del loro stesso schifoso mondo."*

Io e Manu, una sera ci trovavamo in una festa di paese gremita di una folla colorata e svolazzante; la gente era una moltitudine in giostra.

Grandi e bambini sembravano ricolmi di un gioioso stato d'animo; erano in grado di contagiare chiunque li incontrasse.

Eravamo sbalordite e Manu saltellava felice, ruotava su se stessa ammirando quello spettacolo d'umanità estasiata.

Ogni tanto scattava in avanti, tanto che dovevo accelerare il passo per non perderla di vista tra la gente. Sbucammo in una piazza dove alcuni gruppi sedevano per terra.

Chiacchieravano, scherzavano tra loro e si respirava un'atmosfera goliardica e conviviale.

Mentre Manu si allontanava verso il fondo della piazza, una bambina mi si accostò. Giochicchiando con la mia mano mi diceva qualcosa, ma, mentre mi chinai per sentire cosa dicesse, mi mollò un calcio sugli stinchi.

Mi prese alla sprovvista e il dolore acuto mi fece sobbalzare. Alzai lo sguardo e vidi Manuela che girava sulla sinistra infilandosi dentro un'arcata delle mura antiche. Feci una corsa per raggiungerla, voltai in corrispondenza dell'arcata e scesi la scalinata di corsa. Manu non c'era più, non si vedeva molto bene, perché quella zona non era per niente illuminata.

La scalinata sfociava in un ambiente ampio e scuro, non feci in tempo a fermarmi e finii nell'acqua.

Una gamba affondò nella melma quasi per intero, mi rovesciai e mi trovai sotto. Riemersi facendo perno sull'altra gamba, evitando di fare troppa pressione su quella superficie collosa, cercai di trascinarmi verso la scalinata.

Avevo un braccio bloccato dalla fanghiglia e con l'altro cercavo di procedere stando attenta a non utilizzare troppo le gambe per evitare di sprofondare di nuovo. Arrivai al primo gradino giusto in tempo, c'era mancato davvero poco.

Mentre cercavo di poggiare il busto sulla terra ferma, alla mia sinistra notai, a pelo d'acqua, un ribollire intermittente.

Doveva essere Manu. Allora mollai immediatamente la presa sullo scalino e posizionandomi il più orizzontalmente possibile arrancai verso quelle bolle. Le braccia si muovevano a stento, come se nuotassero nel *vinavil*.

Feci uno sforzo incredibile per allungare il braccio sinistro esplorando verso il fondo alla ricerca della presenza di Manu.

L'ansia mi cresceva dentro, tenevo il mento all'esterno fuori dalla melma e cercavo di frugare per vedere se riuscivo a identificare qualcosa, mentre la destra, d'istinto, cercava una superficie solida, ma lo scalino era troppo distante...

Mi svegliai e scattai seduta sul letto, ero tutta sudata e ansimante.

Grazie a Dio era solo un sogno, uno schifo di sogno, un fottuto incubo.

Restai terrorizzata per un bel po'.

La casa era vuota, provai l'impulso irrefrenabile di telefonare a Manu.

"Pronto Manu?"

"Ciao Debora, che succede? Come mai chiami a quest'ora?"

"Stai bene?"

"Io sto bene?... Ma cos... E tu stai bene?

"Sì, sì sto bene"; tremavo ancora: "Scusa, scusa, è tutto OK tranquilla, vado a farmi un caffè, ci vediamo stasera."

Capitolo 8

La saggezza è un bene prezioso. Ma se incontri qualcuno che sa renderla fruibile, allora hai trovato un tesoro.

Roma, maggio

Il sole primaverile, che rende piacevole uno stato di gradevole pigrizia in cui ci si può accoccolare sotto i suoi raggi mi aveva accompagnata quel giorno mentre ero seduta sulla panchina del parco. Gianni, scodinzolante, vagava libero e curioso. Avevamo tutti e due bisogno di acquietare gli animi.

Ero intenta a lamentarmi al telefono per un colloquio che avevo fatto tempo prima per un lavoro; bisogna sempre lottare per migliorare la propria esistenza.

Il parco si mostrava con le sue aiuole fiorite e gli alberi rigogliosi e ben curati; davano un senso di pace e serenità.

Avevo la sensazione che le cose, in qualche modo, sarebbero tornate a posto, proprio come quei giardini curati che ammiravo di fronte a me.

Alcune mamme discutevano tra loro. Giocai ad immaginare gli argomenti delle loro discussioni, ero certa che riguardassero le lamentele sulla gestione dei figli, della casa e dei mariti.

I bambini, tra loro, si impegnavano a creare voli immaginari. Spesso riescono a raggiungere luoghi in cui gli adulti non possono più arrivare.

I fanciulli hanno sempre qualcosa di nuovo da scoprire, c'è, in questo, qualcosa di magico. Quando cresci, il panorama delle novità si affievolisce fino quasi ad annullarsi, e sentirsi sorpresi è sempre più raro.

Mentre terminavo la conversazione, due bimbe, una di fianco all'altra, sedute sulle bici, sembravano pronte ad affrontare una competizione da "Giro d'Italia."

Una disse all'altra: "Allora, sei pronta?"

"Sì, ma chi arriva prima cosa vince?"

"Vince..." fece una pausa di riflessione mentre l'altra pronta a scattare la osservava curiosa.

"Vince la felicità!"

Fui sorpresa da quella risposta così specifica; "la felicità."

Forse lo avevano sentito dire dai più grandi, o forse, pensai, avevano intuito l'infelicità di alcuni adulti intorno a loro.

Cercai sciocamente di pescare tra i miei ricordi di bambina; ero davvero così sorprendente agli occhi dei grandi? Ricordo una certa malinconia che mi accompagnava quotidianamente, un senso di terrore nei confronti del futuro, era qualcosa che mi impediva d'essere del tutto spensierata. Naturalmente nascondevo quelle sensazioni, e lo sforzo mi rendeva ancora più strana.

Allora non capivo le motivazioni di quello stato d'animo, e a ripensarci oggi, è davvero curiosa la consapevolezza per quella particolarità che allora viveva in me, mi avrebbe resa quella che sono oggi, mi avrebbe caratterizzato lungo tutto il cammino della vita.

Da piccoli le paure vibrano il nostro essere come fossimo strumenti da accordare, e ci fanno sentire diversi, quindi, in qualche modo ancora inadeguati. È illuminante scoprire che quelle stesse paure rivelino da adulti la nostra unicità. Bisognerebbe prendere atto che tutti siamo unici e speciali, invece di creare antagonismi allo scopo di prevalere uno sull'altro come fosse una gara a chi arriva per primo per il solo gusto di piacere di più; tutto questo potrebbe rivelarsi pericoloso e lasciare posto alle nostre insicurezze.

Con lo sguardo trasognato, intenta nelle mie riflessioni, sondavo i ricordi del passato, quando quelle voci squillanti mi riportarono alla realtà: "Allora, pronti... via!"

Le bambine partirono su una pista immaginaria, alla conquista della felicità. La loro inconsapevolezza rendeva nella mia mente quel concetto tangibile. Non siamo forse tutti come quelle bambine? Tutti in gara per conquistare la felicità?

Il desiderio di quel premio, per noi adulti, risulta spesso sfuggente ed effimero. Forse abbiamo perso la capacita di decodificare i meccanismi che ci potrebbero rendere felici.

Avvicinai alla bocca il microfono del cellulare e attivai il comando vocale chiedendo: "Cos'è la felicità?" La voce sintetica rispose: *"In base al sito Wikipedia la felicità è quell'insieme di emozioni del corpo e dell'intelletto che procurano benessere e gioia in un momento più o meno lungo della nostra vita."*

Magari, pensai, si dovrebbe regredire a quello stadio di inconsapevolezza infantile che forse ci renderebbe capaci di scoprire in noi la felicità.

Nell'altra panchina, poco distante da me, un uomo di mezza età era intento a scrivere qualcosa sulla tastiera del portatile; sussurrò qualcosa senza alzare il capo.

"Mi scusi?... Cosa diceva?"

"Beh... dicevo che il premio in palio delle bambine è una gratificazione che per molti risulta irraggiungibile, e per altri, una strada impercorribile, dato che spesso l'impegno si concentra sull'ottenimento di "gratificazioni" che sono solo un palliativo."

Dovetti concordare con lui. Di certo la felicita non è legata allo *shopping compulsivo* o alle distrazioni fine a se stesse e nemmeno al potere, al lavoro...

E, benché alcuni ne siano fermamente convinti, neanche il denaro può darti la vera felicità. Io credo che la felicità sia rappresentata dalla capacità di vivere bene con sé stessi facendo ciò che ci piace e ci arricchisce dentro.

Così, Federico ed io, intavolammo un'interessante chiacchierata.

Avevo nuovamente la sensazione di avere davanti uno spirito affine, e mentre si parlava di vari argomenti, notai che quell'uomo, ogni tanto, scriveva pigiando i tasti del suo cellulare.

Chiesi spiegazioni, non è mica facile parlare con qualcuno e allo stesso tempo armeggiare con una tastiera.

Così venne fuori che Federico prendeva appunti.

La gente gli dava spunti, materiale che incamerava come merce preziosa, come ad esempio, la gara tra le due bambine ed il loro incredibile premio.

Scoprii così che quell'uomo pacato e ingrigito dal tempo, era un attore e uno sceneggiatore.

Ma guarda tu il caso, dovevo credere ancora alla teoria enunciata dalla Legge dell'attrazione? Ci avevo scherzato su con Manu, ma ora mi sembrava fin troppo reale. Puoi credere al caso fin che vuoi, ma se delle specifiche circostanze si ripetono di continuo, allora non lo è di certo.

Comunque sia, ero lì a disquisire sui meccanismi della creatività con un professionista che mi elargiva verità che erano sedimentate in me senza averne la piena consapevolezza.

Capivo bene quanto sosteneva. La fonte della creatività la raccogli per strada tra la gente se hai occhi per vedere, se la tua mente non vola altrove, se ti prendi il tempo di osservare.

Sembravamo due vecchi amici al parco a parlottare di amenità che però assomigliavano a ricette perfette che avrebbero potuto cambiare il mondo.

Ad un certo punto decidemmo di prendere un caffè e approfondire i nostri rispettivi punti di vista.

Ero così a mio agio che mi sentii libera di raccontargli gli ultimi sviluppi della mia esistenza. Gli dissi delle peripezie per piazzare la mia sceneggiatura che con tanto impegno avevo completato e di quel brutto episodio sul posto di lavoro...

Federico mi ascoltava con attenzione, e mi sembrò interessato a ciò che gli raccontavo. Ero sicura che egli fosse un buon ascoltatore, uno che sentiva e comprendeva. Una volta che mi fui confidata ci fu una pausa silenziosa. Restai in attesa che lui dicesse qualcosa; ero curiosa, volevo un parere autorevole; era quella la sensazione che Federico mi dava, mi sembrava proprio un uomo saggio in grado di dare un parere illuminato.

Ma lui esordì in questo modo: "Non ho verità assolute da elargirti, anche se sembra che ti aspetti questo. Non voglio deluderti, ma noi adulti o se preferisci, noi anziani" - sorrise aspettandosi forse una mia reazione che non venne perché ero troppo concentrata su ciò che mi stava dicendo - noi gente vissuta, in realtà non abbiamo certezze. Annaspiamo nelle incognite proprio come voi. Non voglio dire che l'esperienza accumulata nel corso degli anni non sia utile, ma non ti mette al riparo da nuovi errori che forse abbiamo già più volte ripetuto nel tempo.

Lo so – continuò - vorresti forse dirmi che siamo ottusi, ma non è proprio così. Semplicemente la vita, è, e sarà sempre sorprendente, e meno male che è così."

Sorrise come se avesse appena sentito qualche battuta comica. "E comunque, dato che essa è ancora in grado di sorprenderci, ci risarcisce allo stesso modo."

"Cosa intendi con "ci risarcisce?"

"Vedi – proseguì - se continui a fare errori alla fine dovrai pagare il conto, ma se, per esempio, vieni delusa da qualcosa o da qualcuno, in qualche modo la vita ti concede un risarcimento, un premio, una variante che in un modo o nell'altro ti gratificherà. Non so perché accade, ma posso dirti che per me è sempre stato così. L'unico rammarico è il non sapere quando accadrà, ma la vita è qualcosa che si svolge e basta." Sorrise ancora come se avesse sentito una nuova battuta, freddina ma sagace.

La sera, nel mio letto, la mente s'inoltrava in boscaglie fitte di ragionamenti ingarbugliati e spinosi. Riflettevo come se stessi facendo un bilancio dal quale poter trarre delle conclusioni. Davvero le persone sono in grado di rendersi prigioniere di gabbie costruite con le loro stesse mani, ma sono anche capaci di rendersi libere da vincoli malsani e poco utili alla loro evoluzione, da quelle credenze errate che difficilmente siamo disposti ad abbandonare.
E sta proprio in questo la differenza; puoi essere prigioniera o libera, è solo tua la scelta.
Poi il sonno si impose e le boscaglie si trasformarono in un'oasi.
Al mattino, appena sveglia, notai sul comodino un foglio scritto a penna; avevo preso un appunto proprio prima di addormentarmi, lo raccolsi ancora stordita, mi trasferii nel soggiorno, preparai un caffè, poggiai la tazza ancora fumante sul tavolo, mi accomodai, ne bevvi un sorso e lessi quel foglio: "Se vuoi qualcosa che non hai mai avuto, devi fare qualcosa che non hai mai fatto."
L'incontro con Federico mi aveva dato quella scossa necessaria che si traduceva in una dinamicità motivante.
Sentivo la necessità di agire, di lasciare il segno nella mia realtà. Forse perché quello che mi aveva confidato

quell'uomo portava alla luce qualcosa di davvero prezioso, come una sorta di ritrovamento di un manufatto archeologico raro. Il fatto che tutti, a qualunque età, sentano la mancanza di qualcosa e che il rapporto con se stessi e con la vita sia una ricerca continua, mi ha fatto sentire un po' meno sola.

Non che mal comune faccia sempre mezzo gaudio, però un pochino aiuta capire che in fondo siamo tutti sulla stessa barca, in balia delle stesse avversità e difficoltà e qualche volta anche delle nostre "masturbazioni mentali".

Ero intenta come al solito, a navigare con la mente, quando all'improvviso Manu si presentò in soggiorno come se fosse caduta dall'alto, come una sorta di visione.

Alcune "epifanie" illuminano d'improvviso l'ambiente circostante, ma nello stesso tempo colpiscono duro e ti scuotono l'animo; era così che mi sentivo. Un'emozione avvampante come un'onda calda risaliva lungo il mio corpo lentamente; era come se fossi pervasa da un'inondazione emozionale.

Lo scambio di pareri con quell'umo di mezza età aveva diradato la nebbia nella quale ero immersa da tempo.

Sentivo le lacrime arrivare e d'istinto cercai di trattenerle.

Per fortuna la presenza di Manu interruppe il flusso dei pensieri che avanzava.

"Da domani sono in ferie per quindici giorni! Dobbiamo festeggiare."

S'interruppe, mi osservò un pochino e ancora una volta percepì che qualcosa non andava nel mio stato d'animo.

"Cosa c'è? Sembri immersa in mille pensieri... Cos'hai?" Sorrisi lievemente: "Niente dai, sono contenta che vai in ferie."

"Eh no, lo so che hai qualcosa...".

"Ma niente, è solo che ho conosciuto un uomo...".

"Ah, ah, ci siamo..." stava assumendo un'espressione maligna. "Un bel tipo? – chiese.

"Se così si può dire – risposi - un uomo interessante, davvero particolare."

Le spiegai l'accaduto e mi vennero fuori parole non pianificate.

"Mi ha rivelato quelli che potremmo definire dei segreti."

"Che segreti?"

"Quello della semplicità ad esempio: carpiscila dai bambini. Quello della creatività: guardati intorno e prendi quello che il mondo ti dona. Ed infine il segreto per superare le delusioni: prendi coraggio e mettiti in azione."

Manu mi ascoltava senza controbattere. Mi ero fermata e stavo riflettendo. Così aggiunsi: "Sai cosa c'è? Il film me lo faccio da me. Mi sono stancata di spedire sceneggiature e raccogliere delusioni. Sono certa che troverò la soluzione. Si lo so, i soldi... ma farò in modo di realizzare un film a basso costo, e poi le idee mi verranno strada facendo, vedrai."

Capitolo 9
Restare ancorati ai luoghi può offuscarci la vista impedendoci di scorgere nuove opportunità.

Alghero, giugno

Passai una notte agitata. Nel sonno vagavano esseri inquietanti e situazioni distopiche. Mi svegliai mal riposata e lo strascico dell'agitazione notturna mi rese difficile affrontare le incombenze del giorno.

Manu era piuttosto allegra, si pregustava le ferie imminenti, mentre io avanzavo verso il soggiorno come un *"non morto"* strascicando i piedi nelle pantofole, producendo un sibilo simile a quello di un serpente in perlustrazione.

I capelli stravolti mi coprivano il volto. Lo sguardo rivolto al pavimento. Con il capo chino feci la mia apparizione proprio mentre Manu canticchiava preparando il caffè. Senza nemmeno voltarsi verso di me disse: "Buon giorno!" Lo disse con voce squillante e con un volume quasi insopportabile.

"Buon giorno" biascicai a voce bassa con una certa difficoltà.

"Mhmm siamo ancora *"rinco"* eh? - disse mentre continuava ad armeggiare con la *moka*.

Mormorai qualcosa, volevo ribattere ma mi venne fuori un mugugno strano.

A quel punto si voltò di scatto con un'espressione curiosa e uno strano ghigno sul viso: "Ti è passato addosso un treno per caso?" Rise di gusto mentre mi porgeva una tazza di caffè caldo.

Non risposi, agguantai la tazza, mi voltai e posai il sedere sulla sedia vicino al tavolo.

Attese che facessi un paio di sorsi, poi con calma si sedette vicino a me e abbassando il tono della voce mi chiese: "Brutto risveglio?"

"Mhmm sì". La voce mi venne fuori gutturale. Proseguii.

"Ho dormito davvero male, ho fatto brutti sogni, ero agitata e mi sono svegliata così, con l'umore sotto i tacchi."

Nonostante il mio cattivo stato d'animo, sentivo, come sempre, una sensazione piacevole, quella di ritrovarmi al mattino a tu per tu con Manu, trovavo la cosa rassicurante, avvertivo una sensazione di accoglienza.

Così a poco a poco mi ripresi. Manu mi parlava con tono pacato, mi sussurrava parole che attimo dopo attimo scioglievano la mia scontrosità, quasi come fossi un cubetto di ghiaccio dimenticato fuori dalla ghiacciaia.

Ad un certo punto si diede un tono, rizzò la schiena pronta a tirare fuori qualcosa di risolutivo al mio stordimento mattutino.

"Ho pensato di organizzare una vacanza, andremo insieme in Sardegna."

Sollevai il viso lentamente mal celando tutto il mio disinteresse a quella proposta, strabuzzando gli occhi alla ricerca di qualche approfondimento. Continuò animata da un certo fervore: "Dai, ora che vado in ferie mi sembra l'occasione giusta, partiamo, abbiamo bisogno di distrarci. Potrai concederti del tempo per riflettere e prendere così le tue decisioni; devi valutare bene come muoverti e vorrei darti una mano."

"In Sardegna? Dove? Come?" M'interruppe.

"Andiamo da mio zio, vedrai che ti piacerà è un tipo fuori dal comune, e poi la Sardegna è un vero Paradiso, il luogo perfetto per ricaricare le batterie e trovare l'illuminazione." Una risatina di soddisfazione le sfuggì, provocando in me un sorriso forzato che lei interpretò come un segno d'approvazione.

"Perfetto allora, ci organizziamo... SI PARTEEE."

"Ma Manu aspetta un attimo, come faccio, io non posso permettermelo...".

"Non ti preoccupare penso a tutto io, i soldi non sono un problema, e poi potrai sempre restituirmeli quando il nostro progetto andrà in porto e riscuoterà il successo che merita, no?" Sorrise soddisfatta.

Il nostro progetto? Manu lo sentiva anche suo?

Mi piacque quella sua presa di posizione, tanto che le chiesi: "Vuoi essere parte attiva nel mio progetto?"

Aspettai la sua risposta con trepidazione.

"Beh, ormai è anche mio, credo di poterti dare una mano, specie nel trovare dei finanziatori, e poi c'è mio zio che sa come muoversi... Allora che ne pensi, vuoi andare ad Alghero?" Annuii sorridendo.

"Eh no! Lo devi dire forte e chiaro... quindi?"

"VOGLIO ANDARE AD ALGHERO!"

Il lunedì successivo uscimmo di casa con le valige al seguito. Salimmo sul taxi per Fiumicino con gli animi sospesi e pieni di aspettative, come chi sta per partire per un'avventura piena di mistero.

Quella angoscia pregna di curiosità, la sensazione di prendere un treno in corsa senza aver controllato lo stato dei freni mi rendeva irrequieta.

Mentre andavamo all'aeroporto in *taxi*, sia io che Manu tacevamo, ma era chiaro che entrambe annaspavamo nelle medesime onde agitate di chi è diretto verso qualcosa di ignoto. Nessuna delle due parlava e non incrociavamo nemmeno gli sguardi. Ci limitavamo a mantenerli fissi verso l'esterno del finestrino.

Dalla prua del *taxi*, attraverso il lunotto termico, finalmente vedemmo l'aeroporto. Mi colse una paura frammista a desiderio. Non volevo andare, eppure allo stesso tempo lo volevo; sentivo che sarebbe stata una esperienza sorprendente, e chissà, magari utile al nostro scopo.

Un'oretta di volo e arrivammo ad Alghero.

I profumi della macchia mediterranea rendevano l'aria una sorta di bagno turco aromatizzato alle erbe. Dietro di noi una serie di colline tondeggianti rendevano il panorama sinuoso.

Nonostante lo scalo fosse relativamente lontano dal mare, mi parve subito di percepirne l'aroma. È quella particolare fragranza, mista ad una sensazione tattile di salinità, tipica dei luoghi costieri, che penetra le narici e va a toccarti il cuore, come se trasmettesse quel senso d'immensità che provi quando osservi una distesa d'acqua in eterno movimento mentre lo sguardo la contempla fino all'orizzonte.

Ci avviammo verso il parcheggio. Manu sembrava una bambina all'interno di uno zoo mentre visita il giardino dell'infanzia da tempo relegato nei ricordi.

Durante il viaggio verso Alghero ci guardavamo intorno e mi divertii ad imprimere nella memoria ogni paesaggio, ogni sensazione provocata dall'ambiente circostante e dall'eccitazione per un'avventura entusiasmante.

Il *taxi* ci portò nella periferia, e in prossimità dello svincolo l'autista ci propose di imboccare la traversa che portava lungo la costa. Naturalmente approvammo senza alcuna esitazione.

Davanti a noi una distesa di pini e ginepri che annunciavano un luogo immerso nella natura. Girammo verso sinistra.

Un cartello indicava l'ingresso di un campeggio dal nome suggestivo "Mariposa". Lungo la strada, alla nostra destra, una volta superato il campeggio recintato con siepi alte che celavano il panorama, vedemmo finalmente la spiaggia.

Il mare quieto pareva una tavola azzurra e fluttuante, i colori fluorescenti riflettevano i raggi solari.

Davanti a noi il porto turistico si rivelò in tutta la sua bellezza. Si scorgevano le miriadi di alberi delle tante barche a vela.

Il piazzale, con alcune imbarcazioni in rimessaggio, pareva un enorme parcheggio. I gozzi da piccola pesca, con i colori tipici di bianco e azzurro, sfilavano alla nostra destra come un esercito impettito che mostra tutta la propria sontuosità.

All'ingresso della città murata, una torre in arenaria ci accolse statuaria. Il tassista ci informò che quella era la - porta a terra - della città.

"Quello che vedete alla vostra sinistra è il mercato del pescato, l'odore non mente!"

Il tassista nel pronunciare quelle parole emise una risatina gutturale, mentre da dietro potevamo osservarne le spalle che si scuotevano, ed il capo che dondolava avanti e indietro.

Infine, riapparve il mare. Alcune ville alla nostra sinistra sul terrapieno presentavano un manto fitto e costellato di fiorellini fucsia iridescente. Parevano spettatori privilegiati che si godono una rappresentazione artistica, mentre l'artista, il mare, tronfio, fa bella sfoggia di sé.

Passarono pochi minuti e fummo immersi nelle campagne.

Mi parve incredibile quel cambio repentino di ambienti così diversi, che contenevano tutti un denominatore comune che non saprei descrivere.

Come se il mare, la città e la campagna, mantenessero in se stesse una matrice unica che le collega tutte, trasmettendo un flusso di energia univoca.

Avevamo imboccato una stradina sterrata lungo la statale che costeggiava il mare. S'inoltrava tra la vegetazione rigogliosa della macchia mediterranea. Il mare scomparve e ci ritrovammo intrufolati tra lentischi, mirti, corbezzoli e ogni sorta di variegati arbusti. Il *taxi* avanzava lentamente. Lungo la stradina pareva che la vegetazione ci avvolgesse protettiva.

Sulla destra, un muro ocraceo delimitava un podere celato alla nostra vista da una muraglia color ocra. Una rientranza annunciava l'ingresso. Arrivammo davanti ad un cancello pannellato di lastre metalliche rugginose che lo rendevano stranamente ben integrato nell'ambiente circostante.

L'autista fermò il veicolo. Pagammo il dovuto per la corsa e ringraziammo il tassista; scaricammo le valige e lo salutammo. Mentre l'auto indietreggiava in retromarcia, Manu spinse il meccanismo che azionava il campanello e poco dopo una luce intermittente annunciò l'apertura automatica del cancello.

Ci intrufolammo senza aspettare che si aprisse del tutto. Il caldo pressante sembrava preannunciare una primavera afosa. Ebbi la sensazione d'essere approdata ai tropici. Ci venne incontro un uomo brizzolato e sorridente.

"Benvenute ad Alghero!" Abbracciò Manu.

In disparte, aspettavo di capire come dovevo comportarmi, ma prima che potessi pensarci, fui avvolta da una stretta calorosa e quell'uomo mi baciò sulle guance.

"Ah... Debora, finalmente ci incontriamo, Manu non parla che di te...".

Accennai un sorriso, ero un po' in imbarazzo. Manu ruppe il ghiaccio: "Lui è mio zio Luciano, lo zio migliore del mondo"; ridacchiò soddisfatta.

Alle spalle dello zio Luciano era visibile il retro di un villino meraviglioso immerso nel verde e disposto lungo una lieve discesa. I viali interni, bordeggiati dalla immancabile macchia mediterranea molto ben curata, scendevano lungo i lati della villa; qualche scalino e arrivammo su una veranda piastrellata, e con mia grande sorpresa, davanti a noi apparve nuovamente il mare.

Uno spettacolo inaspettato e decisamente accogliente. La distesa d'acqua si poteva ammirare fino all'orizzonte come un deserto dipinto di azzurro, ma se volgevi lo sguardo leggermente a destra potevi osservare una falesia ondulata che delimitava il golfo. Rimasi incantata da quella visione, e Luciano, notando la mia espressione stupita disse: "Quella è Capocaccia, il gigante dormiente." Sorrise e ci fece cenno di accomodarci in casa per sistemare le nostre cose e prendere possesso delle nostre stanze.

Luciano era un uomo piacevole, dal portamento quasi regale e dai lineamenti marcati, che gli conferivano sicurezza ed esperienza. Un bell'uomo, capace di farti sentire a tuo agio immediatamente e senza troppi fronzoli.

Adoro quel genere di individui; quando hai a che fare con gente come quella sei certa di avere d'innanzi la genuinità fatta a persona; caratteristica davvero essenziale e rara. Nella società in cui viviamo è più frequente incontrare persone che si celano dietro maschere d'ogni tipo. Pur di non apparire quali siamo realmente, più spesso di quanto non si pensi, siamo inclini a inventare personaggi fittizi che ci facciano sentire un po' meno vulnerabili.

Non era il caso di zio Luciano; lui era ciò che vedevi, nessuna rappresentazione, tutta schiettezza e sincerità; non era un personaggio costruito, appariva piuttosto come ma una persona cordiale; sentivi di poterti fidare di lui già dal primo approccio.

Non appena all'interno della villa ci pervase una piacevole sensazione di fresco; fui quasi colta da brividi di freddo. Dal caldo tropicale ad una frescura intensa, un po' come quando entri d'estate in un supermarket e rischi una congestione. In casa però non c'erano climatizzatori accesi, quella frescura era il risultato di un buon isolamento termico e dell'ombreggiamento di alcuni pini imponenti che riparavano la costruzione dai raggi diretti del sole durante le ore più calde.

Lo zio ci aveva fatto preparare due stanze separate, arredate con gusto; erano essenziali nella disposizione del mobilio; le finestre affacciavano sulla darsena.

Sul davanzale era disposta una piantina di menta piperita, mi parve inusuale quella scelta, ma poi scoprii che serviva per tenere lontane, per quanto possibile, le zanzare.

Sistemai le mie cose e sprofondai sul letto sistemato di fianco alla finestra. A poco a poco si scioglieva la tensione accumulata durante il viaggio e mi sentii finalmente rilassata. Un sonno ritemprante mi avvolse.

Mi risvegliai di buon umore e con un certo appetito.

Mi recai in sala da pranzo. Non sapevo che ora fosse né che fine avessero fatto Luciano e Manu.

La sala era vuota. Dalla porta finestra che dava sulla terrazza, filtrava una luce intensa, ed un leggero pulviscolo si rivelava nella trasparenza dell'aria. In terrazza trovai zio Luciano e la nipote intenti ad apparecchiare una tavolata all'ombra della tettoia.

Si era alzato un venticello fresco che mitigava il caldo intenso del primo pomeriggio.

Manu saltellava e canticchiava una canzoncina mentre sistemava la tavola, e Luciano partecipava a quell'esibizione canora con un controcanto e qualche gorgheggio.

Una scena esilarante, che rendeva tutto permeato da un'allegria leggera che si respirava intensa; era perfino palpabile, pareva potesse accarezzarti mentre ti cullava ritmicamente in un abbraccio caloroso.

Avanzai dondolando. Mi unii ai preparativi. Luciano versò del vino rosso, "Cannonau."

Brindammo alla nostra salute e alla vacanza che si preannunciava fantastica.

Il pranzo iniziò con una serie di piccoli assaggi di mare.

A parte qualche pietanza che riconobbi senza alcun problema come le cozze preparate in semola e poi fritte, individuai anche delle splendide code di gambero adagiate su un intingolo bruno e profumato; tutto il resto mi era ignoto. Luciano mi spiegò quei piatti con pazienza ed entusiasmo.

"Questi sono anemoni di mare fritti, quelli sono i bocconi sgusciati con un'insalata di sedano, olio, limone e pepe nero e rosa. Quella lì è la famosa bottarga, affettata finemente e condita con carciofi nostrani. Questo è polpo con patate, e questi sono – *occhioloni* - piccoli pesci da frittura molto gustosi...".

Ed eravamo solo agli antipasti. Continuammo il pranzo con una generosa porzione di linguine alla polpa di ricci di mare, una delizia da godere lentamente.

Arrivò il secondo in tutta la sua magnificenza: un dentice al forno con funghi del posto, raccolti dallo stesso Luciano. "Si chiama – *Antunna* – disse - è un *pleurotus* che cresce sotto una pianta autoctona, la Ferula."

Zio Luciano era una valanga di nozioni d'ogni tipo, *dall'habitat* marino a quello terrestre, e s'intendeva di cucina tipica come pochi.

Servì un altro tipo di vino, ora era il turno del Vermentino, bello fresco e piacevole al palato. In fine passammo alle fragole di Alghero. Ce le fece provare con una dimostrazione.

"Prendete una fragola, la intingete per bene in questa coppa e la assaporate lentamente...".

La curiosità mi spinse a chiedere spiegazioni, e scoprii che nella tazza, quel pulviscolo bianco ambrato, altro non era che zucchero a velo di canna integrale, una squisitezza che chiudeva il pranzo unendo il dolce alla frutta in un unico e gustosissimo assaggio.

Luciano si stravaccò sullo schienale della panca mentre versava il liquore di mirto ghiacciato nei bicchierini.

Un altro brindisi; lo mandammo giù senza indugi. Scendeva fluido e fresco nella gola, quasi ad accarezzare le papille gustative con un aroma speziato e dolce allo stesso tempo.

Un torpore piacevole si impossessò di me e mi lasciò quasi senza energie. Il pranzo era stato succulento, avevamo mangiato decisamente troppo, mi scusai e mi rintanai nella mia stanza.

Quando mi risvegliai erano passate un paio d'ore, decisi di fare una passeggiata nel giardino e scattare qualche foto al panorama. Il mare s'era increspato ed il vento, ora un po' più intenso, mi scompigliava la folta chioma di capelli.

Mentre contemplavo quella meraviglia, zio Luciano e Manu mi raggiunsero. S'accostarono alle mie spalle.

"C'è un bel fresco ora... non è vero?? È il maestrale – continuò - si alza sempre verso quest'ora quando c'è bel tempo, e all'imbrunire il vento cambia e soffia il grecale da nord est, che appiattisce il mare e asciuga l'aria."

Con il fresco della sera ci sistemammo in terrazza. Manu decise di far vedere la sceneggiatura allo zio, spiegandogli il progetto e le nostre intenzioni.

Luciano lesse con calma il mio lavoro, noi l'osservavamo impazienti ma si prese tutto il tempo. Ogni tanto ridacchiava e strizzava gli occhi immergendosi nella lettura del copione.

Talvolta alzava lo sguardo e ci lanciava occhiate misteriose. L'impazienza, mi resi conto, mi faceva davvero mancare il respiro. Quando alzava lo sguardo si fermava; mi aspettavo un commento da parte sua ma niente, zio Luciano tornava a leggere; pareva lo facesse apposta.

Quando ebbe finito si sfilò gli occhiali ed espresse il suo giudizio. Ci comunicò un entusiasmo che non mi aspettavo, e aggiunse che ci avrebbe supportati nella realizzazione del nostro progetto. Quello fu il pretesto per un nuovo brindisi.

Mi voltai verso il mare costellato di piccole luci, seppi da Luciano che erano barche di pescatori intenti a "totanare" cioè a pescare i calamari. Mentre contemplavo quella bellezza ipnotizzante, Manu e lo zio si misero a parlare tra loro. Ascoltavo a tratti ciò che dicevano persa nei miei pensieri; mi stavo godendo l'istante magico di quelle sensazione, fedele a ciò che avevo deciso di fare fin dalla partenza per quella vacanza. Non volevo assillarmi con pensieri cupi o preoccuparmi del futuro, ma solo godere dei momenti lieti senza aspettarmi niente di più.

Ma qualcosa mi riportò alle loro discussioni.

Parlavano di un tizio che aveva realizzato un'intervista con vari personaggi locali; montando e mischiando domande e risposte aveva ottenuto così un risultato sorprendente, soprattutto per gli intervistati, tra i quali c'era anche zio Luciano, il quale parlandone sembrava davvero divertito.

Manu contestava il fatto che, in pratica, si trattava di un vero e proprio inganno. Lo zio le spiegò che aveva firmato una liberatoria nella quale quel sotterfugio non poteva essere contestato, e che in ogni caso il risultato era fantastico e divertente.

Mentre ascoltavo ciò che dicevano, cominciai ad elaborare alcuni pensieri.

Mi scusai con loro e mi avviai verso il mare.

Il giardino era tenuemente illuminato lungo i vialetti che si adagiavano tra la vegetazione. I miei pensieri prendevano inaspettatamente corpo.

Avrei potuto utilizzare anche io quel trucco? Potevo realizzare il film sfruttando quel particolare escamotage? Intervistare qualche attore famoso per dare maggiore prestigio al mio film? Mi parve un'idea fantastica, che avrebbe anche abbassato di molto i costi di realizzazione.

Tornai librando nell'aria, saltellavo e correvo felice.

Comunicai la mia idea con entusiasmo cercando di controllare il respiro; la esposi tutta d'un fiato. Poi crollai sulla poltrona in vimini stremata.

Manu e Luciano non dissero nulla per qualche secondo, ed infine esplosero in risate entusiastiche.

La mia idea piacque molto. Luciano propose di iniziare subito a cercare finanziatori interessati. Io ribattei che eravamo in vacanza e che forse non era il caso, ma non volle sentire ragioni. "Bisogna battere il ferro finché è caldo! E qui da noi qualcuno da contattare c'è, vedrete."

L'indomani partimmo presto, c'era in programma una gita in gommone e dovevamo comprare del ghiaccio per tenere la roba in fresco.

Facemmo la strada a ritroso. Una volta usciti dalla stradina di campagna, viaggiammo lungo la costa verso

Alghero diretti al porto. La via che si immetteva direttamente all'imbocco della banchina discendeva morbida; non c'era molto traffico e il porto si rivelò ai nostri occhi dal basso, con un'angolazione opposta a quella che avevamo osservato il giorno prima.

I baretti in legno lo bordeggiavano accogliendo i diportisti che, prima di uscire in mare, si concedevano una colazione con panorama incluso. Nel primo baretto, non appena parcheggiata l'autovettura prendemmo un caffè e Luciano acquistò due sacchetti di ghiaccio. Percorremmo il pontile galleggiante colmo di posti barca e dopo un po' arrivammo al gommone.

Ero un tantino in pena perché non avevo un buon rapporto con il mare, mi aveva sempre terrorizzata fare il bagno al largo ma non dissi niente.

C'erano molti gruppi intenti a imbarcarsi sulle rispettive imbarcazioni.

Salimmo a bordo del gommone. Furono rilasciate le cime d'ormeggio e avanzammo lentamente all'interno del porto.

Facemmo il pieno di carburante accostandoci al distributore lungo la banchina ed infine ci inoltrammo verso il mare aperto.

Il tempo era bello e il mare non era per nulla agitato. Planammo in accelerata ed il vento tentò di portarmi via la paglietta a falde larghe che portavo sul capo per ripararmi dal sole. La trattenni con la mano mentre ci dirigevamo verso Capocaccia.

A poche miglia da noi il gigante dormiente pareva ci aspettasse. Luciano diresse la prua del gommone verso la costa per farci ammirare le meravigliose insenature che si incontrano prima di arrivare... non sapevo bene dove.

"Questo è il rosso, si chiama così perché la costa, quando ci batte il sole si colora di rosso a causa della composizione particolare della roccia. A Capo Galera, in pieno parco marino, il mare ci deliziava placido. Le varie sfumature di colori si erano perfino accentuate. Uno spettacolo davvero incredibile.

Passammo sotto Punta Giglio. Il costone calcareo bello e alto ci sovrastava, ci passammo sotto a pochi metri. Ad osservarlo dal basso era impressionante.

Piccole insenature e anfratti che sembravano ingressi di grotte profonde, in qualche modo accentuavano la paura che a volte mi pervadeva quando mi trovavo sul mare. Sapevo che prima o poi avrei dovuto fare il bagno. Finalmente arrivammo a Capocaccia. Punta Giglio in confronto era un grosso scoglio. La testa del gigante era qualcosa di immenso. La sfiorammo lentamente aggirandola e uscimmo così dal golfo. Ci accolse un'isola attraversata da una grotta perforata per tutta la sua lunghezza. Zio Luciano mi spiegava ogni cosa senza tralasciare nessun particolare. Le grotte di Nettuno, la scala del "Cabirol" che permetteva di visitare le grotte attraverso centinaia di scalini a picco sul mare; la grotta "Gea", che presentava un grosso anfratto a forma di arco, proprio al livello del mare. Infine, incontrammo un altro isolotto, si trattava dell'isola Piana, e lì ci dirigemmo verso terra.

Il colore dell'acqua diradava dal blu scuro all'azzurro acceso, fino a diventare verde smeraldo con una trasparenza irreale.

Luciano spense il motore a una decina di metri dal costone, si tuffò in mare, agguantò una cima che aveva legato sulla bitta di prua, e nuotando la trascinò a terra legandola su uno spuntone. Poi tornò indietro. Una volta a bordo ci disse di fare il bagno, non prima però di avere decantato la bellezza di quello che lui chiamò "Verdetto", che in effetti era davvero invitante.

Manu si sfilò il *foulard* fiorato e trasparente che fungeva da copri sole; era pronta a tuffarsi. Non sapevo come spiegare la mia paura di entrare in mare, quindi non dissi nulla.

Tirarono giù la scaletta di poppa.

Durante quell'operazione si sentì un tonfo sordo nell'acqua; un attimo dopo Manu s'era tuffata. A quel punto, spalle al mare, scesi i tre scalini riflettendo su quello che stavo facendo, spacciai quei pensieri per momenti di pura estasi. L'acqua era fredda e l'impatto contribuiva a frenarmi ancora di più. Infine, mi accovacciai con le braccia appese alle maniglie della scala. Un piede alla volta abbandonai l'ultimo scalino immergendomi nell'acqua; era l'ultima rassicurante ancora di salvezza. Mi decisi e finalmente mi immersi in quel verde risplendente e magico.

A poco a poco mi rilassai. Era davvero una sensazione idilliaca. Decisi di godermela, tanto che fui l'ultima a risalire a bordo.

In quei giorni la serenità dilagò in me come un flutto imponente dilaga tra gli anfratti della scogliera frastagliata modellandola inesorabilmente.

Stesa al sole, le goccioline d'acqua sul mio corpo evaporavano velocemente provocandomi qualche brivido di frescura. La mia mente si prese il lusso di vagare nel passato, tra i nodi ben stretti delle sensazioni provate.

Mi ricordai della disperazione che provai per un rapporto complicato, di quando volevo ad ogni costo far funzionare le cose con Marco. I miei tentativi di aggiustare ciò che non era sistemabile mi assalirono la mente.

Le gelosie, le tristezze dopo i litigi... quando pur essendo in due ad avanzare nel viaggio, tu ti senti più sola che mai perché non hai la visione chiara della situazione.

Forse il timore di sentirsi nuovamente soli... non so, ma allora c'era qualcosa che mi impediva di vedere chiaro in quel rapporto per poter prendere la giusta decisione. Spesso ti senti come intrappolata e ti sembra di non avere sbocchi.

Giunsi alla conclusione che per essere consapevole, devi estraniarti, uscire da quel guscio nel quale sei rinchiusa per osservare le cose dal di fuori, un pochino da lontano.

Cosa certamente non facile; decisi tuttavia che poteva essere possibile, e che quella sarebbe stata la mia strategia in qualunque situazione mi fossi imbattuta in futuro.

Manu si frappose tra me e i raggi del sole facendomi ombra. In piedi, davanti a me, reggeva un calice di prosecco trasudante. Mi sollevai mentre me lo porgeva.

Brindammo a tutto quello che di bello c'era in quel momento e a ciò che ci sarebbe stato. Mandai giù il vino che mi solleticò il palato in una moltitudine di bollicine frizzanti.

Luciano, seduto alla consolle, sorseggiava il prosecco e giochicchiava con il telefonino. Pareva assorto nei suoi pensieri. Le rocce a picco su di noi, formavano un cono d'ombra sul mare calmo. Mi fermai a contemplarle; Manu sembrava davvero nel suo *habitat* naturale, era sorridente e anche un pochino brilla.

A quel punto udimmo la voce entusiasta di Luciano che ci annunciava che al nostro rientro avremmo incontrato una sua amica che sarebbe stata molto utile per il nostro progetto.

Durante il rientro verso il porto, il sole iniziava la sua discesa dietro il capo dormiente del gigante roccioso. Scattammo molte foto e girammo anche qualche video, mentre la scia del motore restava temporaneamente impressa sulla superficie marina e la schiuma disegnava linee che si sovrapponevano tra loro come pennellate di un artista immaginario.

Sbarcammo sul pontile facendo il passamano con le nostre sacche. Sciacquammo il gommone come diligenti api operaie. Facemmo una doccia con il tubo dell'acqua, e infine, lo arrotolammo intorno alla colonnina del piccolo lampione in corrispondenza del posto barca.

Ci asciugammo con i teli da mare; eravamo pronti per un aperitivo nel locale che ci aveva tanto decantato zio Luciano.

Seduti sul tavolino della terrazza ordinammo degli *"spritz"* belli freschi. Ci raggiunse una donna alquanto appariscente e dal portamento elegante. Gli avventori si voltavano per osservarla. Si accostò a noi con fare disinvolto. "Hola ragazzi!" Sorrideva e si teneva il grosso copricapo in paglia con la mano per non farlo volare via a causa del grecale che nel frattempo aveva sostituito il maestrale rinfrescando l'imbrunire.

Daniela si accomodò con noi e ordinò un *cocktail* alla frutta con aggiunta di prosecco.

Intavolammo una discussione su quelli che, Daniela, riteneva i più suggestivi tramonti al mondo. Naturalmente si riferiva al sole che si adagiava su Capocaccia.

Non potemmo che concordare. Era uno spettacolo davvero speciale, ne avevamo appena assaporato uno mentre facevamo ritorno sul gommone.

Restammo lì a bere come fossimo amici da sempre. Daniela era una donna particolare. La sua bellezza ed il suo carisma riempivano l'ambiente in un modo tale da far sentire speciali anche tutti gli altri, quasi come fossero dei privilegiati in prima fila davanti a uno spettacolo esclusivo.

Com'era arrivata, con una folata di vento fresco, così si dileguò.

"Beh ragazzi, vi lascio a godervi l'attimo, ho degli impegni e più tardi c'è una serata importante che non voglio perdere...".

Luciano ci spiegò che Daniela era introdotta in molti interessanti ambienti e che la sua influenza ci avrebbe certamente dato una mano, se non altro utilizzando i contatti che aveva a disposizione.

Capitolo 10
È l'attenzione che riserviamo agli attimi speciali, che permette alle impressioni di restare indelebili nella memoria.

Alghero, giugno

Daniela e zio Luciano si muovevano autonomamente per trovare i contatti giusti e trasformarli in finanziamenti. In passato ero stata abituata a fare sempre da sola; adesso mi sembrava tutto così strano.

In pratica, senza quasi accorgermene, da singola coltivatrice del mio sogno, ora mi ritrovavo all'interno di una squadra operosa ed entusiasta ben felice di darmi una mano a realizzare il mio progetto.

Mi rimbombarono in testa le parole di Luciano: "Eh cara mia, si deve imparare a delegare. È importante fidarsi di chi ci dà una mano. Nessuno riesce a fare tutto da solo."

Ma quando sei stata, o ti sei sentita sempre sola a lottare a denti stretti per tutto il tempo, delegare risulta complicato. La vacanza, ed i luoghi magnifici però, in qualche modo mi agevolavano la transizione, da solitaria guerriera a spalleggiata e coadiuvata viaggiatrice.

Io e Manu andammo a pranzo insieme. Finalmente sole a gironzolare per il centro storico di Alghero.

La cittadina murata ci accolse con i suoi edifici in arenaria bruna. I vicoli ombrosi ci regalavano una frescura piacevole e ci divertimmo a percorrerli con occhi curiosi.

Lungo le vie principali passavamo da una vetrina all'altra con l'animo leggero di due turiste in vacanza. All'ora di pranzo scegliemmo un ristorante tra quelli disponibili. Ne scovammo uno dall'aspetto caratteristico, con i tavolini disposti su una piccola piazza ornata di gerani e altri fiori rigogliosi.

Una volta accomodate, scegliemmo un vino leggero e fresco. Una lieve stanchezza dovuta a tutto quel gironzolare per il centro storico, ci avvolse tiepida. Manu era intenta a "messaggiare" con il telefonino.

"Mollalo un po' dai. Con chi stai chattando così presa?"

"Eh... ho roba in corso." Lo disse con espressione malignamente sorridente.

"Un nuovo belloccio? – mi sfuggì, ma mi pentì immediatamente di averlo detto. Manu sorrise scuotendo il capo: "No, no! Questo qui m'interessa per davvero, sono curiosa. È una cosa nuova...".

Finalmente la mia amica trovò il coraggio di abbattere le barriere che le impedivano di confidarsi e di sgretolare quella corazza protettiva che avevo notato da tempo.

Le esperienze fatte l'avevano resa guardinga, specie quando si trattava di uomini. Le delusioni, o meglio, le persone deludenti, induriscono quella crosta che va formandosi per il timore del dolore. Dolore provocato, spesso gratuito.

Nessuno è esente da quelle trappole che ti fanno chiudere i varchi. I pochi che ne sono immuni sono gli incoscienti, e io ero tra quelli.

Sostenne che una delle cose da evitare fosse l'abitudine o anche la promessa di poter contare l'uno sull'altra, ma soprattutto l'aspettarsi qualcosa dal proprio partner.

"Tipo? Cosa non ci si deve aspettare?"

"L'amore, per esempio o la comprensione, e anche le attenzioni... Se ci sono te le prendi, ma aspettarsele è un errore pericoloso."

Insomma, Manu era una di quelle persone capaci di pietrificare le esperienze dolorose, formando una muraglia protettiva invalicabile intorno a sé.

Mentre era immersa in quelle riflessioni tutta adombrata, di colpo si mise a scherzare sugli uomini e su quanto essi fossero "in realtà" il sesso debole.

Ci scambiammo una serie di battutine divertenti sull'argomento con botta e rispettiva risposta, dalle quali gli uomini ne venivano fuori piuttosto male. Ma si scherzava, e si sa, scherzando viene sempre fuori qualche verità.

Ero contenta di quel momento con Manu. Finalmente si era aperta con me pareggiando i nostri equilibri.

In quel momento sfilò lungo i tavolini un ragazzo con le cuffiette in testa; ascoltava musica e avanzava in diagonale.

Lo osservammo entrambe. Appena fu nelle vicinanze, si diresse all'imbocco di uno dei vicoli che si diramavano dalla piazza.

Manu con un colpetto di gomito per richiamare la mia attenzione, mi disse sussurrando: "Mica male eh?... Guarda che culetto!"

Esplodemmo all'unisono in una risata fragorosa che, evidentemente sormontava il volume delle cuffie del ragazzo, il quale si girò di scatto, forse sorpreso da quel fragore improvviso.

Noi continuammo a ridere come due matte dandoci pacche di consenso a vicenda; il ragazzo proseguì per la sua strada e noi lo osservammo dileguarsi in uno dei tanti vicoli che formavano quella ragnatela affascinante del centro storico di Alghero.

Il pranzo fu piacevole ed il cibo eccellente. Avevamo mangiato molto e di gusto, ma ora dovevamo proprio andare. C'erano in programma una serie di appuntamenti con alcuni potenziali finanziatori.

Daniela e Luciano si erano dati da fare. La macchina giallo estate che ci aveva prestato Luciano ci scarrozzò per tutto il pomeriggio e fino alla sera. Visitammo una tenuta vinicola immersa nella natura al cui interno vi era un piccolo borgo curatissimo.

Il direttore ci accolse calorosamente. Prima di intavolare le questioni professionali, ci obbligò ad una degustazione dei loro vini.

Ci sentimmo subito inebriate e la tensione si sciolse completamente. Il direttore, un tipo piuttosto giovane, bardato di pizzetto e con pochi capelli, ci rese semplice parlare del nostro progetto, anche perché fu lui ad introdurre l'argomento.

Lo salutammo rasserenate, ci parve molto interessato e questo ci faceva ben sperare. Fu la volta di alcuni politici locali e altri imprenditori. La giornata fu davvero proficua.

Al termine dei colloqui ci dirigemmo alla villa, dove zio Luciano si era rintanato con un fastidioso mal di schiena.

Sulla statale che da Alghero porta a Bosa, il tramonto si dipinse di sfumature rossastre che coloravano l'orizzonte fino a diluirsi sulla superficie del mare con riverberi violacei. Imbucammo la stradina che portava alla villa.

Luciano era in veranda e si godeva la frescura.

La vacanza volgeva al termine e una leggera malinconia ci invase in ogni fibra. Quando incontri persone così speciali, i saluti risultano sempre tristi, e Luciano era un uomo speciale, proprio come diceva Manuela. Non avremmo voluto rinunciare alla sua compagnia, ma dovevamo rientrare e metterci al lavoro.

Capitolo 11
Quando il gioco si fa duro.... la durezza non ti aiuta. Certe volte, essere morbide, malleabili e versatili, diventa l'unica soluzione.

Alghero, giugno

Roma ci aspettava, splendida come sempre. Ma l'idea di immergerci nuovamente nella frenesia urbana non ci entusiasmava particolarmente. La calma e la serenità della Sardegna con la sua gente così ospitale che esprime un senso di unità che in città è quasi impossibile percepire, già ci mancavano, insieme al buon cibo che gustavamo davanti al mare, ai profumi, ai colori intensi e ai panorami sorprendenti. Alghero rappresentava la sorgente di numerose intuizioni che avrebbero reso gli ostacoli che avevamo di fronte superabili.

Da parte mia sentivo la gratitudine vibrarmi dentro. Avevo un debito di riconoscenza verso quella città e i suoi abitanti; ci avevano accolte, direi adottate con amore, eravamo circondate da persone splendide che hanno creduto in noi e nel nostro progetto, agevolando in ogni modo l'ottenimento di risultati insperati.

Zio Luciano, prima della nostra partenza ci omaggiò di uno splendido ramo di corallo.

"Alghero è la perla della riviera del corallo, purtroppo, negli anni è diventato sempre più raro, tanto che se un turista va per negozi alla ricerca del corallo di Alghero deve essere ben informato, perché in vendita ci sono molti coralli falsi o comunque non originari della nostra costa. Questo ramo è proprio il *Corallium Rubrum* pescato nel nostro mare. Come potete vedere è di un rosso intenso. Nella mia famiglia è sempre stato considerato fonte di fortuna e, dicono, protegga dal malocchio."

E Dio solo sa quanto avevamo bisogno di un po' di fortuna, noi lo sapevamo e anche zio Luciano ne era consapevole.

Non avevamo alcuna voglia di partire; Manu ed io ci scambiammo uno sguardo eloquente, che parlava da sé. "Cosa ne pensi Deby se ci fermassimo qui? Se il film lo realizzassimo qui?" Non ebbi alcun dubbio e immediatamente mi rivolsi a Luciano.

"Puoi chiamare in aeroporto e annullare il volo?"

"Non è un problema! Ma siete sicure di questa scelta? Volete davvero girare il film ad Alghero?"

"Ci siamo letteralmente innamorate"; lo dissi sorridendo rivolta verso Manu che ricambiò indirizzandomi uno sguardo complice.

"Io e Manu amiamo Alghero e i suoi abitanti e l'amore fa fare follie... fantastiche!"

Dopo qualche settimana, eravamo già pronte per la presentazione del progetto al cospetto della squadra che avevamo formato e che ci aveva raggiunto in Sardegna.

Luciano aveva realizzato una meravigliosa *brochure*; ne aveva sistemata una in corrispondenza di ogni posto a sedere della sala che avevo affittato per l'occasione. Il proiettore era pronto e avevo lavorato a lungo alla presentazione in *PowerPoint* facendo molta attenzione ai particolari. Volevo che tutto fosse perfetto.

Feci partire la presentazione subito dopo aver spento le luci. Nella sala calò il silenzio più assoluto. "*Bene*" pensai, "*sono tutti concentrati e attenti.*"

Alla fine della proiezione, riaccesi le luci e presi la parola.

Qualche volta capita di riflettere sul presente, piuttosto che rimuginare sul passato o proiettarsi nel futuro; cercavo un momento di relax, sdraiata in camera mia; avevamo preso in affitto un appartamento in città per rendere più agevoli i nostri spostamenti.

Mi ritrovai ad elaborare quella nuova situazione che aveva portato con sé tanti benefici; le nuove interessanti conoscenze, l'aver trovato alleati per la nostra impresa che andava delineandosi in modo sempre più concreto...

I nuovi punti di vista che ne erano scaturiti avevano evidenziato situazioni assolutamente sorprendenti. Prima fra tutte, il rapporto con Manu, che oltre ad aver deciso di unirsi a me nella realizzazione del film, aveva finalmente abbandonato ogni resistenza, lasciando che il nostro rapporto fosse fondato sulla fiducia totale; era arrivata al punto di confidarmi persino le sue paure più recondite.

Quel momento presente mi soddisfaceva oltre ogni immaginazione. Finalmente le cose giravano bene, ed io ero perfettamente consapevole che tutto ciò non fosse casuale. Qualcuno mi disse che per ottenere ciò che vogliamo, dobbiamo entrare in azione e non aspettare che i cambiamenti avvengano da soli. Nulla avviene se noi non ci mettiamo all'opera. Ne ero sempre più convinta.

Presi dunque la parola appena accese le luci e mi rivolsi ai presenti: "Quindi – dissi - come avete potuto vedere, con questo *escamotage* si può realizzare un film a costo ridotto...".

A quel punto una voce irruppe nella sala.

"Senti Debora, a me non è sembrata molto chiara questa presentazione. Anzi, a dire la verità non ci ho capito proprio niente."

"Cosa non ti è chiaro? – chiesi.

"Beh, ehm, quindi alla fine... tutto il film si basa solo su quelle interviste?"

"Ma certo, è tutto spiegato chiaramente, mi sembra...".

Andrea pareva scocciato, non mi capacitavo come non fosse chiara la nostra strategia. Dovevo rimettere tutto in discussione. Mi chiedevo se ciò che per me sembrava semplice potesse in realtà risultare complicato da comunicare agli altri. Possibile?

Mentre riflettevo, Manu intervenne con fermezza, accusando Andrea di non aver compreso correttamente quella presentazione e il significato del nostro progetto a causa di un sonnellino che si era concesso durante la proiezione protetto dall'ombra dell'oscurità.

Vedere Manu così determinata e protettiva, in qualche modo mi inorgoglì, e mi fece comprendere quanto fosse positivo far parte di una squadra.

Fui pervasa da una emozione rassicurante che sfociò in gratitudine.

Andrea ammise quella che lui definì: "una piccola sosta."

Manu insistette: "Sì, ma quella sosta ti ha fatto perdere buona parte del discorso, e quindi è stato impossibile per te cogliere l'essenza del progetto."

Andrea minimizzò con qualche battutina e propose una pausa davanti ad una birra, chiedendoci di spiegargli meglio la questione delle interviste in poche parole.

Le interviste erano il punto focale di tutto il progetto. Davanti ad alcuni boccali freschi di birra bionda alla spina, spiegai che il trucco consisteva nel riuscire, tramite domande studiate *ad hoc*, ad ottenere risposte da sfruttare nel montaggio del film.

Andrea e gli altri, una volta sciolto questo nodo, presero a scherzare e a brindare allegramente. Mi concessi il vezzo di osservare quella situazione dal di fuori e mi sorpresi nel sentirmi compiaciuta. Mi piacevano i miei compagni di viaggio, eravamo davvero una bella squadra, la mia squadra, la nostra squadra.

Qualche settimana dopo ci fu un altro *briefing*: erano sorti problemi d'ogni genere, molti punti avevano bisogno di essere riveduti.
Manu guidava nervosamente nel traffico. Si lamentava del suo lavoro e del rapporto con i colleghi dello studio di architettura, provava un senso di oppressione che mal sopportava.
Quello era un altro tra i motivi per cui s'era presa una pausa, il cosiddetto anno sabatico.
Cercavo di consolarla dicendole che le cose certamente si sarebbero sistemate, che al suo ritorno tutto sarebbe cambiato... ma sopportava male anche i miei tentativi di farla sentire meglio.
"Non è che facendo così mi aiuti – diceva scontrosa - sono davvero stanca di sopportare questa situazione, hai voglia tu a ripetermi che le cose andranno meglio, col cavolo che miglioreranno."
"Dai siamo arrivate quasi alla fine, ma purtroppo dobbiamo affrontare qualche altro problema...".
Lo dissi trattenendo di proposito un sorriso gonfiando le guance guardandola dritta in faccia. Scoppiammo a ridere all'unisono.
Elena, la nostra tuttofare, che riusciva sempre a divincolarsi da molteplici difficoltà contemporaneamente, questa volta sembrava davvero preoccupata.
"Ragazzi – disse - abbiamo dei problemi. Intanto non riusciamo ad ottenere l'intervista programmata. Sono giorni che l'addetta stampa ci gira intorno, ogni volta trova delle scuse.

Inoltre, alcune aziende che ci avevano assicurato la loro partecipazione, ora si sono tirate indietro perché dicono che il momento è difficile. Ci restano giusto i precontratti procurati da Luciano, e come sappiamo non sono sufficienti a coprire tutte le spese."

Cercai di rasserenare gli animi di tutti, ma dentro fremevo. Dovevamo ottenere l'intervista ad ogni costo, e trovare altri *sponsor*, ma non sapevo proprio come risolvere le cose.

Ogni tanto era necessario tornare a Roma; in quel periodo viaggiavo di continuo. Ne approfittai per incontrare Federico.

Avevo bisogno del suo atteggiamento sicuro e propositivo. Lui conosceva bene quel mondo, magari mi avrebbe potuto dare qualche buon consiglio.

Appuntamento al "bar del lampadario", ormai era un'abitudine.

Il cameriere ed io avevamo un rapporto silenzioso. Attraverso sguardi complici, ci prendevamo in giro reciprocamente. Lui interpretava il ruolo del burbero, mentre io facevo la parte della cliente un po' esigente.

Mi divertiva giocare con lui, e pareva che anche la sua recita lo divertisse molto.

Entrai insieme a Federico nel bar. Il cameriere mi notò subito; ci guardammo. Una pausa per entrambi come a dire: "Sei ancora qui?"

"Beh sì, sono ancora qui e pretendo un posto come si deve."

Ci osservammo reciprocamente con espressioni buffe. Come al solito, senza parlare e senza distogliere lo sguardo l'uno dall'altra, indicai un tavolino in fondo alla sala.

I suoi occhi rivolgevano una domanda silenziosa: "Quello è mio, hai qualcosa da ridire?"

Lui abbassò il mento e rivolgendo verso il basso lo sguardo teneva le mani conserte, quasi come a dire: "E va bene, per questa volta ti accontento, prenditelo."

Sorrisi dentro. Avevamo delle regole non pattuite tra noi, regole di un gioco inventato da entrambi senza mai dire una parola in merito.

Ci avviammo ai nostri posti. A quel punto il mio compagno di giochi si avvicinò per prendere la comanda.

"Salve! - disse tutto impettito e professionale - cosa posso servire?"

Nonostante avessi voglia di lasciarmi andare a una risata fragorosa, era una delle regole del gioco rimanere nel personaggio.

"Bene, io prenderò un caffè lungo in vetro e tu Federico? Cosa prendi?"

"Mi andrebbe un *gin*, avete Rena 41?"

Federico sembrava sapesse il fatto suo, io non avevo mai sentito nominare quella marca. Il ragazzo non si scompose, a quanto pare anche lui sapeva il fatto suo, infatti disse: "Certamente, vi servo subito."

Raccontai a Federico le difficoltà incontrate in merito all'intervista, soprattutto nel recuperare lo sponsor, ma come al solito mi parlò da vero mentore.

Spettava a me decifrare le sue parole. Pareva uno di quei Maestri di una qualche disciplina orientale nella quale insegnano all'allievo come procedere senza mostrargli chiaramente la direzione da intraprendere, concedendogli pochi concetti significativi e lasciando all'allievo stesso il compito di imparare come metterli in pratica.

"Il coraggio, Debora – disse - la curiosità di capire come muoversi e agire di conseguenza."

"Cosa vuoi dire esattamente? Il coraggio, OK. La curiosità invece? E agire?"

"Trova nella creatività le soluzioni, e se è necessario spingiti fino a infrangere qualche regola. Metti i tuoi interlocutori in una posizione nella quale non possano dire di no."

Federico non prendeva in considerazione che non sono mai stata capace di barare né tanto meno di infrangere le regole. Da ragazzina, quando le amiche facevano qualcosa di proibito andavo sempre in ansia, e alla fine non partecipavo a quei loro misfatti puerili. Figuriamoci da adulta. Solo all'idea di escogitare un piano per mettere in atto una qualche fregatura mi sentivo male. Come potevo agire seguendo un consiglio come quello? Già l'intervista mi preoccupava molto, perché comunque era uno stratagemma, ma questo l'avevo messo in conto.

Ora dovevo inventarne un altro per ottenerla con più facilità. La cosa mi pareva complicata e del tutto inattuabile.

"Grazie Federico, ci penserò, ma per ora non mi viene in mente niente!"

Federico si congedò con un'altra frase delle sue: "Contempla ogni soluzione possibile e non esitare."

Sorrise sornione. Mi salutò con un gesto della mano e mi fece un occhiolino. Probabilmente la sua fiducia in me e nelle mie capacità era superiore a quella che avevo io stessa, specie in un frangente come quello.

Rientrata in casa, le parole del mio mentore mi giravano nella testa con una certa insistenza ed in modo piuttosto assillante. Decisi di far decantare la questione.

Dovevo riposare, guardare il problema da lontano e analizzare l'insieme. Chissà, magari una soluzione sarebbe saltata fuori dopo una bella dormita.

"La curiosità ci salverà la vita."

Ho sempre avuto la tendenza a fissarmi sulle cose, ad approfondirle per comprendere il senso di ogni recondita prospettiva, seppur soggettiva.

Questo aspetto della mia personalità mi ha sempre accompagnata lungo il cammino della vita e si è rivelato decisamente utile nell'arricchire le mie competenze, ma l'aspetto più incisivo è sempre stato l'effetto che ha avuto sulla mente; a mio giudizio la rende predisposta ad accogliere con disponibilità le novità e innesca una continua ed utile introspezione.

Non accontentarsi stimola tutto il tuo essere. Ripensai alle parole di Federico. Decisi di rivederlo. Ero scettica sul fatto di riuscire a trovare in me le risposte che lui sosteneva fossero nascoste nel mio subconscio.

Forse la fanghiglia che va formandosi nelle mie riflessioni, pensai, è fin troppo melmosa e frugarci dentro rende le acque ancora più torbide.

Il parco restituiva una piacevole frescura all'ombra della vegetazione.

Il sole filtrava a stento striando l'ombrosità con raggi luminosi che evidenziavano un leggero pulviscolo fluttuante.

Tutto rendeva quella scena ricolma di una magia accattivante. Mi feci rapire da quella visione e dal senso di pace che elargiva. Incantata com'ero, la voce alle spalle della panchina sulla quale ero stravaccata mi riportò alla realtà scuotendomi.

"Te la godi eh?" Mi voltai sorpresa.

"Ciao Federico! Mmh sì, mi faccio rapire volentieri da questa magica atmosfera; che ci vuoi fare, la pace è contagiosa."

"Ah, ah, ah – rise - si è proprio vero. Beh, quindi che mi dici?"

Si era seduto al mio fianco inalando profondamente l'aria bucolica del parco.

"Non ho deciso ancora nulla."

"Forse sei troppo concentrata nel voler risolvere la situazione a tuo modo. Non è utile forzare le cose, avrai certamente affrontato simili difficoltà in altre occasioni no?"

"Mmh vero, qualche tempo fa in effetti...".

"E com'è andata?"

"Me la sono cavata bene!"

"Ah sì?... Dai racconta... sono curioso."

Così gli raccontai come tutto ebbe inizio.

Quando abitavo con mia zia e mia nonna a Ronco dei Legionari in Friuli, mio padre fu costretto ad andare a vivere fuori per lavoro; io e mia mamma Edda ci trasferimmo. Lei trovò lavoro a Trieste e per praticità si sistemò lì mentre io restai a Ronco dei Legionari con zia e nonna.

Zia Armida all'epoca aveva cinquant'anni portati molto bene. Andavamo d'accordo e mi sosteneva in ogni senso, sia moralmente che economicamente.

Io davo una mano all'osteria di famiglia e nel tempo libero studiavo. Mi aveva permesso di iscrivermi alla scuola di recitazione e frequentavo il "Dams" di Gorizia; inoltre, mi "convinse" a seguire un corso online di sceneggiatura e scrittura creativa in una scuola prestigiosa.

Insomma, fu un periodo davvero frenetico, piuttosto intenso ma molto proficuo.

Mia nonna, un'ottantenne friulana, era una donna vitale, con una scorza bella dura e una tenerezza che faceva commuovere ma che con l'età celava male.

Come tutte le donne della sua generazione che avevano vissuto tempi davvero duri, non era molto propensa a fare emergere la sua intima tenerezza. Abituata a lottare a muso duro per tutta la vita, l'istinto di conservazione prevaleva irrazionalmente in lei. "I tempi sono diversi ma l'istinto se ne frega."

La nonna si lamentava con la figlia perché le bollette dell'energia elettrica erano troppo alte; dava la colpa al ventilatore che utilizzavo in camera mia per rinfrescarmi, e spesso, per creare l'effetto vento, mentre facevo le prove di recitazione. Cosa che avveniva anche con scambi improvvisati con zia Armida che mi faceva da spalla.

Così la nonna sbirciava il contattore posto in una nicchia nel muro coperto da un quadretto che fungeva da sportellino.

La zia continuava a giustificarmi. Lavoravo all'osteria la sera, era un modo per sdebitarmi e dare una mano. Nonna tirava fuori spesso frasi in dialetto, specie quando si trattava di argomenti che la toccavano particolarmente e la questione del risparmiare, dell'evitare sprechi, era sempre all'ordine del giorno. Non che fosse tirchia di natura, probabilmente il suo "*background*" di "lottatrice" nelle vicissitudini della vita la rendevano particolarmente parsimoniosa.

Mi divertivo molto, tra i siparietti in friulano e le improvvise prove di recitazione tra me e zia Armida, inventavo vari personaggi e situazioni che sfociavano in metafore del quotidiano. Spesso io ero una manager e lei la mia segretaria; se il pranzo fosse stato pronto, zia sarebbe venuta in camera per avvisarmi in veste di segretaria e giocavamo allegramente ognuno rivestendo il proprio ruolo. Come se ci fosse una riunione imminente e l'assistente viene ad avvisare che i delegati di una multinazionale sono arrivati e aspettano con impazienza. A quel punto la *manager* si fa attendere un po' distribuendo istruzioni ai suoi collaboratori e promettendo che al più presto si presenterà per l'importante incontro di lavoro.

Un pomeriggio, dopo aver pranzato, accesi il ventilatore mentre provavo davanti allo specchio un monologo appena inventato. Entrò mia zia. Durante il pranzo mi aveva comunicato che avrei incontrato un impresario teatrale suo amico che voleva conoscermi. C'era qualcosa in ballo e si prospettava per me la possibilità di un'audizione per una preselezione relativa a un progetto teatrale; avrei dovuto recarmi a Roma per incontrarlo e per discuterne di persona.

Zia convinse mia madre con una telefonata che lei non dava possibilità di replica. La sua convinzione sulle mie capacità e su quella che definì "un'opportunità imperdibile" non diedero scampo alla mia mamma, che, seppur recalcitrante, si arrese e acconsentì.

Ero a mille, e volevo provare in santa pace. Accesi il ventilatore sulla cui grata di protezione avevo legato dei fili di lana rossi.

I fili si tesero in orizzontale vibrando come corde di violino, e il flusso d'aria mi fece svolazzare i capelli come se fossi in mezzo a una tempesta.

Entrò in camera zia Armida proprio mentre ero concentrata e con il viso rivolto verso il flusso d'aria del ventilatore.

Armida mi si sedette accanto, notò che la mia espressione divenne cupa, mentre a occhi chiusi accoglievo su di me il vento prodotto dalle pale del ventilatore.

"Che ti succede? Sei triste? Dovresti saltellare per la stanza dall'entusiasmo...".

"Sì zia. Sai, il vento mi ricorda quando da piccola andavo a pescare con zio Ugo. Avevo circa dieci anni e lo adoravo. A pesca con le canne nella scogliera mi sentivo parte di qualcosa e lui era un uomo speciale; ci legava una complicità inusuale, mi faceva stare bene e rideva di gusto alle mie parole di piccola curiosa."

Continuai il racconto; la zia mi ascoltava con attenzione e con espressione incuriosita. Le dissi dei discorsi sulla pesca e del mio strano desiderio che i pesci, forse consapevoli dell'inganno dell'amo, potessero non cadere nella rete.

Volevo che si salvassero, volevo che lo stratagemma della pesca venisse scoperto dalle potenziali povere vittime.

Zio Ugo rideva divertito e la bimba chiedeva all'uomo cosa pensasse mentre con pazienza attendeva le sue prede.

L'uomo allora si fece serio e le raccontò dell'impressione che qualche volta aveva. Sembrava che il vento gli parlasse, che le folate, comunicassero con lui.

La bimba allora chiese: "Cosa dice ora il vento?"

"Beh, ora dice che arriverà la pioggia, e che i pesci non abboccheranno perché sentono il cambiamento imminente, si preoccupano e non hanno più voglia di mangiare."

"Davvero? Te l'ha detto il vento?"

"Ma certo, e se ascolti lo dice anche a te...".

La piccola allora con il naso all'insù annusò l'aria e accolse il vento sul viso curiosa in attesa delle sue parole.

Un momento di silenzio, poi: "Sai zio, forse dovremmo comprare dei pesci al mercato, così facciamo credere che li abbiamo pescati noi!"

"Ah, ah, ah... ma scusa, non eri tu quella che non ama tessere degli inganni?"

"Eh sì, ma è solo per gioco!" Lo zio sorrise compiaciuto.

Arrivò mio cugino Paolo, il figlio di Ugo. Da lontano, alle nostre spalle, chiamava il papà sbracciandosi.

Zio Ugo tentò di precederlo risalendo la scogliera con me al seguito.

Era preoccupato che Paolo non tentasse di scendere da solo lungo la scarpata. Arrivammo sul piano e lo zio rimproverò il figlio ancora distante. Con tenerezza gli chiese che ci facesse lì, che la febbre non era ancora passata, che doveva stare in casa...

Ma mio cugino inveì contro di me accusandomi.

"E' lei che non ha voluto svegliarmi perché voleva stare sola con te!"

"Ma no Paolo... che dici? Debora non c'entra niente, la mamma voleva che riposassi, che la febbre scendesse...".

"No, no, è lei, è colpa sua!"

Paolo si scaraventò su di me. Ci accapigliammo come due piccoli indemoniati. Zio Ugo, rimasto indietro, ci urlò di smetterla, mentre Paolo gridava: "ora ti uccido, questa volta lo faccio davvero!"

Interruppi il racconto con un sospiro e un'espressione che faceva trasparire l'imminente arrivo di possibili eventi che mi inquietavano un po'. Ricordi emersi, ma che tutto il mio essere tentava di rigettare nelle viscere di un vulcano dal quale volevano eruttare.

Zia Armida con la bocca leggermente aperta restò in attesa durante quella breve pausa. I suoi occhi palesavano il desiderio di saperne di più, di conoscere l'evolversi degli eventi del passato.

Mi presi il mio tempo, mentre il volto mi si incupiva sempre più.

"E quindi? Che successe? Cosa ha fatto tuo zio allora?"

"Io e Paolo litigavamo spesso, ci agguantavamo, ci spintonavamo urlandoci accuse di tutti i tipi; sprigionavamo un odio infantile che non ha niente a che fare con quello degli adulti.

Quello infantile è paragonabile ad un fuoco animalesco. Comunque, mentre litigavamo, zio Ugo ci intimò di smettere e accelerò il passo per raggiungerci saltellando tra le rocce. Un urlo lacerante squarciò il silenzio. Ci voltammo verso di lui ancora abbracciati, e vedemmo lo zio precipitare giù dalla scarpata.

Paolo urlava: "E' tutta colpa tua, hai visto? È colpa tua...".

Armida a quel punto raccolse il volto tra le mani poggiando i gomiti sulle ginocchia.

Continuai: "Sai, per due anni non parlai con nessuno, muta per due anni. Quando ero certa che nessuno potesse sentirmi parlavo con zio Ugo, solo con lui, ma lui, purtroppo non c'era più.

Infine, ripresi a parlare con gli altri e zio Ugo lo riposi nel ricordo del mio cuore per sempre."

La zia sollevò il viso rigato dalle lacrime, mi guardò fissa. Spensi il ventilatore ed i fili rossi si sistemarono in posizione di riposo.

Armida si ricompose, asciugò le lacrime con il polso.

"Ma scusa, chi è zio Ugo? Io non lo conosco, perché nessuno mi ha detto niente di questa storia? Vedrai quando parlo con tua madre...".

A quel punto sorrisi compiaciuta. Armida mi guardò sorpresa; non capiva... che cosa c'era da sorridere? Sembrava infastidita dalla mia espressione che cozzava con la drammaticità degli eventi appena ascoltati. Allora esplosi in una risata fragorosa e la zia, a poco a poco iniziò a comprendere "Mah! Vuoi dire...? Ti sei inventata tutto? Era una recita?

Confermai annuendo. Armida scattò in piedi, affermando che non era possibile, che certe cose non si fanno nemmeno per scherzo, che non mi avrebbe mai perdonata... e uscì sbraitando dalla camera.

Passarono pochi secondi, rientrò e mi abbracciò sussurrandomi: "Cosa? Che hai detto?" Mi hai fregata, sei davvero brava!" Mi mollò un bacio sulla guancia stringendomi forte.

Mi recai a Roma un giorno in anticipo, a dispetto di ciò che mi consigliava Armida, "appoggiarmi dai miei parenti".
Avevo la necessità di stare da sola, senza distrazioni, optai per un B&B. Andavo incontro al destino, la tensione interiore, frammista alla paura, all'entusiasmo e alla determinazione, doveva essere metabolizzata, digerita. Dovevo placarmi, trovare il distacco necessario per affrontare gli eventi futuri.

Umberto, l'impresario amico di zia Armida, si era già accomodato al tavolo del ristorante. Arrivai puntuale, ma evidentemente l'impresario era una di quelle persone che preferiscono arrivare in anticipo.
Umberto era un uomo affabile e schietto. Mi parve oltre la sessantina ma non ne ero certa. Non è facile per me dare un'età alle persone, di solito sono in errore abbondantemente.
Mi mise subito a mio agio. Iniziammo a pranzare e a divagare su questioni non inerenti al motivo per il quale ci eravamo incontrati.
Fremevo, volevo affrontare la questione il prima possibile.
Così tirai fuori l'argomento senza altri preamboli.
"Quindi Umberto, veniamo al punto...", mi sforzai di sorridere nel tentativo di nascondere la tensione.
"Ma certo Debora. Dunque... stiamo organizzando una preselezione per formare un *cast*."
"Un *cast*?"
"Esatto, c'è in ballo la realizzazione di un *musical* e cerchiamo nuovi attori talentuosi. Quindi ci saranno una decina di audizioni e tu sei inclusa. Devo avvertirti però, che io non faccio favoritismi. Se sei brava, se lo meriti davvero, allora entri. Se invece sei una raccomandata, seppure brava,

allora sei fuori. Punto e basta! Nell'ambiente lo sanno tutti che non accetto simili compromessi."

"Beh, OK, per me va bene – dissi - cosa devo portare? C'è già una traccia? Un pezzo della sceneggiatura?"

"No, no, puoi portare quello che vuoi, non è importante. Ciò che conta sei tu, la tua prestazione e non il monologo che scegli."

"Mhmm, potrei fare un pezzo da "Morte di un commesso viaggiatore" ... che dici?"

"Beh, direi che hai fegato, mi pare ottimo ma piuttosto ostico!" Ridacchiò sornione. Poi continuò. "Allora vieni alle 21,00, il grosso delle audizioni sarà già terminato... Solo un consiglio. Se fai qualche errore durante il monologo, non fermarti, vai avanti senza fermarti."

Apprezzai quel consiglio. Nel salutarlo venni fuori con una battuta. "Però, un tentativo dovreste proprio farlo...".

"Di che parli?"

"Tu e la zia intendo, mi pare di percepire vibrazioni...".

"Ah, ah, ah... pensa a preparati per l'audizione, il resto non importa!"

Ci salutammo cordialmente e filai via.

Il giorno dell'audizione mi presentai in teatro, avevo studiato il monologo tratto da "Morte di un commesso viaggiatore" ma non ero poi così convinta di farlo.

Zia Armida per telefono, nell'augurarmi un in bocca al lupo tentò di caricarmi di energia positiva; in quel modo aveva scardinato le poche certezze che serbavo dentro di me in quel momento.

Sforzandomi di trovare in me stessa tutta la determinazione necessaria per la scelta del monologo da presentare, mi resi conto di aver perso un po' di grinta.

Capii, parlando con lei, che la situazione richiedeva una marcia in più, un balzo felino che, in "Morte di un commesso viaggiatore" non riuscivo proprio a percepire.

Avevo il copione nello zainetto insieme al mio libriccino che utilizzavo come oracolo. Mi fermai davanti all'ingresso laterale del teatro, e prima di bussare lo prelevai dallo zaino.

"OK" pensai, *"ora parlami, dimmi cosa devo fare!"* così lo aprii a caso e lessi ciò che c'era scritto.

Capitolo 12

C'è un tempo per la gentilezza: le acque chete rispecchiano la luce. C'è un tempo per la ruvidezza: le acque agitate smuovono le energie. C'è un tempo per i risultati: le acque scorrono, sormontano gli ostacoli, li aggirano. Proseguire è l'unico scopo. Comunque, ed in ogni caso... arrivare.

Alghero, giugno

Cercai in me tutta la grinta che potevo raccogliere nei meandri più nascosti di me stessa. Saltellai un paio di volte scuotendomi tutta e grugnendo come un animale selvatico inferocito, poi, bussai alla porta con decisione. Mi aprì una ragazzetta pallida e all'apparenza esile e timida. Mai fidarsi delle apparenze. Tirò fuori un vocione mascolino.

Senza darmi il tempo di parlare e con modi bruschi chiese: "Sei qui per l'audizione? Entra dai!"

Mi fece segno con la mano di sbrigarmi. M'infilai timidamente nella grande sala.

Era tutto un altalenarsi di sensazioni ciò che in quel momento sentivo; ad un tratto ero grintosa e determinata, poi, senza un evidente motivo, mi sentivo timorosa e fragile, come se in me ci fossero due folletti pazzi che giocavano a dadi tra loro per decidere chi dovesse condurre il gioco.

All'interno della sala si respirava un'aria solenne. L'odore del legno frammisto all'acre odore di umidità polverosa mi solleticavano le narici. Ebbi la sensazione di dover starnutire, ma mi trattenni come se me ne dovessi vergognare.

In una piccola saletta c'erano alcuni attori che per conto proprio provavano la loro parte. Un brusio scomposto riempiva l'ambiente. Mi sistemai in un cantuccio, poggiai lo zaino sulla sedia e tentai di calmarmi respirando profondamente.

"C'è un tempo per i risultati – pensai ancora - *comunque ed in ogni caso... arrivare!"*

Le parole dell'oracolo mi giravano in testa come una giostra di piccole indecisioni. Dovevo fare il pezzo che avevo studiato oppure inventare qualcos'altro? Affrontare l'ostacolo o aggirarlo?

"Proseguire Debora – pensai tra me - *non c'è altra scelta."*
Mi caricavo, poi mi scaricavo e mi ricaricavo ancora e ancora.

La ragazzetta entrò in sala gridando il mio nome con quel suo vocione forte e vigoroso che strideva con il suo aspetto esile e delicato. Sobbalzai.

Dalla tasca dello zaino tirai fuori il portafoglio, presi il blocchetto degli assegni, ne strappai uno infilandomelo in tasca. Non l'avevo mai usato, era nuovo di zecca, me lo consegnarono quando aprii il conto alle Poste.

Avevo detto al funzionario che non mi serviva, che non usavo gli assegni ma lui insistette; era *gratis* e faceva parte del pacchetto. Benedetto funzionario.

Salii sul palco, ma invece di portarmi al centro scesi le scale laterali e mi diressi verso il comitato. Mentre mi avvicinavo, l'ira mi pervase, ero incazzatissima.

Mi rivolsi ad Umberto che era lì seduto in prima fila. Lo aggredii verbalmente accusandolo esplicitamente.

Non gli detti nemmeno il tempo di reagire. Lui tentò di ribattere ma io lo incalzai dandogli del bastardo, dissi che si era scopato mia zia e aveva incassato diecimila euro per permettermi di partecipare al provino... insomma, in quella sala provocai un vero e proprio scandalo. Mi avvicinai... tutti immobili... il volto rosso per l'imbarazzo. Umberto, balzato improvvisamente in piedi mi implorava di calmarmi, di smetterla, di non esagerare.

Ero ad un passo da lui, guardandolo dritto in faccia infilai la mano nella tasca della sua giacca; mi guardava allibito, non si mosse nemmeno di un centimetro. Estrassi l'assegno sventolandolo alla platea:

"Ecco, ecco la prova - esclamai con veemenza – ecco l'uomo che non accetta i raccomandati, l'uomo – TUTTODUNPEZZO - eccolo qui questo galantuomo!"

Mi allontanai senza dire altro mentre il teatro sprofondava in un silenzio irreale. Mi diressi verso il palco, salii le scale. Le gambe mi tremavano ma tenni la schiena dritta e mi imposi di non destare nel pubblico alcuna esitazione mentre procedevo.

Alle mie spalle tutti zitti. Davanti a me alcuni tecnici e la ragazzetta dal vocione strano facevano capolino da dietro i pannelli della scenografia; erano increduli e curiosi. Tutti sembravano alquanto imbarazzati e silenziosi.

Una volta salite le scale mi diressi verso il centro del palco a passo spedito, mi voltai verso il pubblico e m'inchinai per tre volte con le braccia aperte ed il capo chino; salivo la scaletta come se fossi rincorsa da qualcuno, riscendevo velocemente aprendo le braccia.

Umberto sfociò in una risata grassa e rumorosa che mise fine al silenzio che si era creato in sala. Ci fu una certa esitazione nel pubblico; Umberto stava ridendo e... finalmente... si udì un applauso scrosciante, dapprima timido, poi, piuttosto eccitato.

Per un'istante interruppi il racconto. Sospirai. Un merlo girellava attorno al bordo di cemento di una piccola fontanella al centro del parco, nelle vicinanze della panchina dove mi ero accomodata per raccontare la mia storia, l'osservavo trasognata; Federico intervenne: "Ah, però... te la sei cavata bene mi pare. Dunque, come vedi sei capace di superare le difficoltà, se sei messa alle strette...". "Aspetta, aspetta, non ho mica finito" - continuai.

Umberto, tramite la sua assistente mi fece sapere che avevo superato la prova e che avrei partecipato all'audizione per il *musical*.

Ero felice, anche se avrei preferito incontrarlo di persona. Mi sentivo un tantino in colpa per averlo aggredito in quel modo, ma comunque sapevo che non se l'era presa, lo ricordavo divertito per tutto il tempo dell'audizione e anche quando alla fine della mia esibizione gli applausi rimbombavano nella sala.

Quella sera, dopo la mia *performance* andai in un locale...

Fu lì che conobbi Manuela. Sono passati due anni e da allora non ci siamo più allontanate. Poco dopo mi ero sistemata in casa sua. Siamo legatissime. Ora lavoriamo insieme al mio progetto.

A volte penso che se non ci fossimo conosciute non sarei arrivata dove sono, ma c'è stato un momento nel quale ho rischiato di rovinare la nostra amicizia, ho temuto il peggio.

Ero sola in casa, ero persa nei miei pensieri come spesso mi capita di fare. Suonarono il campanello dell'ingresso, mi sollevai svogliata. Alla porta un ragazzo sui trent'anni. Ricordo che pensai: "Ah però, un bel figo alla porta di casa, la giornata prende la giusta direzione...".

Aveva qualcosa di speciale che non saprei definire. Durante certi incontri, puoi avvertire scosse di energia del tutto speciali ed è come ci si trovasse davanti ad un essere che, in qualche modo, si connette con te in modo del tutto spontaneo. Voglio intendere che questa identificazione perfetta nell'altro la percepisci all'istante.

Cercava Manu, ma lei non c'era, così glielo dissi. Fece per andare via ma esitò. Mi chiese un po' d'acqua e perciò lo feci accomodare in casa. Mi rendevo conto che qualcosa di speciale vibrava in me. Chiacchierammo, ci scrutammo a vicenda. Era molto simpatico e mi sentivo attratta come non m'era mai capitato; in certi momenti ero persino intimidita dalla sua presenza tanto che evitavo di guardarlo negli occhi, ma lui continuava a farmi domande, era curioso.

Voleva sapere di me, delle mie passioni, dei miei sogni. Rispondevo esitante, e più interagivamo, più mi pareva di non avere scampo, era come una calamita. Mi attirava a sé.

Una volta che ebbe finito di bere l'acqua che gli avevo offerto, ci dirigemmo verso l'uscita. Lo seguivo con lo sguardo e mi resi conto che non volevo che quell'incontro terminasse così.

Mentre riflettevo sull'energia che percepivo, si girò di scatto. Rischiai di andare a sbatterci contro... insomma, successe quello che non avrei mai immaginato ma che sapevo di desiderare dal primo momento in cui mise piede in casa.

La sera Manu rientrò rumorosamente. Era eccitata, si muoveva freneticamente. Io m'ero assopita; il trambusto del suo rientro mi aveva svegliata. Si mise ad armeggiare in cucina; ad un certo punto la sentii urlare: "Forzaaaa... ceniamo, c'è da festeggiare, fra un paio di giorni farai impazzire tutti, il teatro verrà giù per le vibrazioni!"

Dalla mia camera l'ascoltavo alquanto sorpresa, e ripensavo a quello che era accaduto con quel suo... amico? Speravo che fosse solo un amico. Cercai il cellulare per chiamare zia Armida, e sotto il telefonino ci trovai un bigliettino: "E' stato magico, dovremmo conoscerci meglio e non sprecare questa magia. Se vorrai incontrarmi, questo è il mio numero. P. S. Evitiamo di farlo sapere a Manuela!"

Mi sentii mancare. Non sapevo cosa fare e così, stupidamente, urlai: "Manuuu... avevi un appuntamento con un tipo? È venuto a cercarti...".

"Come? Cos'hai detto? Non ti sento."

"Niente... tranquilla, arrivo subito!"

Federico m'interruppe: "No, scusa, aspetta, l'hai poi rivisto quel ragazzo?" Annuii mestamente e proseguii con il racconto facendogli segno con la mano di aspettare.

Dovevo prepararmi per l'audizione. Avevo elaborato un testo tratto dalle "Lettere di Pirandello a Marta Abba"; lo avevo personalizzato un pochino, ne ero soddisfatta.

Alla fine del monologo simulavo la mia morte stramazzando a terra ma non riuscivo a concentrarmi, mi tornava sempre in mente quella situazione, mi sentivo in colpa per quello che era successo con l'amico di Manu. In ogni caso m'imposi di lavorare al monologo. Così mi chiusi in camera e provai a recitare il pezzo.

"Caro Amore, la tua decisione di andare a vivere così lontano, lontano dai luoghi consueti, dalle radici che ti hanno formato, lontano dal mio affetto, mi rende sgomenta.

Rifletto sulla mia condizione, e non posso evitare di provare quel senso di abbandono che mi attanaglia l'animo. Quando ti rivedrò? Forse mai più! Eppure, nonostante la tua assenza, mi costringo a sondare la realtà, e non posso fare a meno, nello sgomento, di apprezzare ancor di più quello che ho intorno a me. L'amore mi circonda, caro amore, permea le mie giornate, scandisce i miei ritmi. E mi sento fortunata, perché ho intorno persone che adoro. Così mi nutro del loro amore, che ricambio visceralmente. Il loro amore mi parla, mi sostiene e mi sprona: devo diventare una persona migliore, scardinare gli infissi dell'egoismo. Vedi amore mio, non potrei mai abbandonarli né allontanarmi da loro senza perdere un po' di me stessa. Io sono loro, e loro sono me."

A quel punto feci una pausa. Avevo recitato cercando di trasmettere un senso di disperazione e di abbandono unito ad una precisa consapevolezza dell'essere comunque immersa in un'atmosfera colma di amore. Quei pochi secondi di pausa mi servivano, dovevo ricaricarmi, era necessario che il personaggio, una volta resosi conto del valore di ciò che possedeva, provasse un senso di rivalsa, uno scatto di orgoglio. Ma non dovevo esagerare.

"Eppure, tu ci sei riuscito, hai scelto di seguire le tue aspirazioni, di trovare il successo che ti meriti, lontano da me, relegando i miei sentimenti per te a semplici ornamenti da accantonare. Hai deciso ciò che per te è prioritario. Io però non te ne voglio, caro amore. Ho così tanto qui con me: i miei cari, che mi amano per quella che sono, senza giudizi, senza l'orrenda tentazione di cambiarmi. E l'amicizia, quella vera, quella che non si nutre dalla fonte dell'invidia, ma che, al contrario, si rallegra per i miei successi, per tutto ciò che ottengo. Ora smetto di chiamarti amore, sarei tentata, ma è solo un'abitudine, e me ne devo liberare, perché l'amore è un'altra cosa, l'amore è qui con me, è intorno a me, e tu, che sei volato lontano, che hai lasciato la mia mano per raggiungere i tuoi obbiettivi, sei solo l'evanescenza di un ricordo, sei solo nella mia testa, una mia creazione, che distorce la realtà. Mi perdonerai per queste mie parole non programmate, che questa lettera ha fatto germogliare dal seme che si celava in me. Non posso più chiamarti amore, l'amore non è lì con te, è rimasto qui accanto, perché è così che fa l'amore."

Ero soddisfatta, eppure non ero convinta che fosse il monologo più adatto, ma non avevo più tempo per elaborare qualcos'altro; accontentarsi non è mai una buona soluzione se vuoi raggiungere i tuoi obbiettivi, ma in quel momento dovevo per forza accontentarmi.

Arrivò il giorno dell'audizione. Avevo scorto in prima fila mia madre, zia Armida, la nonna e Manu, insieme al ragazzo del mio tradimento, o almeno era così che lo percepivo.

Davanti a loro, seduti dietro una grossa scrivania, c'erano quelli della commissione e al centro Umberto che parlottava con i colleghi. Io mi sentivo mancare, ma non avevo intenzione di cedere all'angoscia, c'era in ballo troppo, niente esitazioni.

Mi presentai al centro del palco con il mio ventilatore. I riflettori si accesero impedendomi di vedere il pubblico. Sistemai il ventilatore, lo collegai alla prolunga e lo accesi.

I fili rossi presero vita svolazzando vibranti. Lo puntai verso il viso, passarono alcuni secondi...

Non so come, ma decisi di abbandonare il mio piano. Il monologo che avevo elaborato già non mi convinceva più, in quel momento mi parve del tutto scialbo e perdente. Non avrei colpito la commissione, non avrei ottenuto la parte.

Il problema era che avevo dichiarato quale monologo avrei presentato, e poi, potevo rischiare ancora? L'avevo già fatto alla preselezione e m'era andata bene, potevo chiedere alla fortuna di aiutarmi ancora?

Ma certe cose non hanno a che fare con la fortuna, è la determinazione quella che conta, essere convinti di ciò che si fa. E a quel punto tuffarsi è l'unica opzione possibile.

Così inspirai profondamente l'aria spinta dal ventilatore, liberai la mente dalle paure e mi lasciai andare a ruota libera senza una vera strategia.

"Quando dico che respiro le parole, che mi parlano portate dal vento, allora sono una pazza. E se dico che le parole più forti, quelle che mi toccano l'anima, sono quelle più vicine a me, quelle che coprono il sottofondo del mio chiacchiericcio mentale, allora sono certamente folle. La fonte di quelle parole

si trova qui accanto, sono le persone che mi amano, che parlano di me e con me...".

Feci una smorfia di compiacimento, come se il concetto che avevo appena espresso mi fosse più che congeniale, mi piacesse proprio. Poi sorrisi.

"...Le parole di mia madre: tesoro mio! ... ma quanto pesano. Essere il tesoro di chi ami è una bella responsabilità che mi accollo volentieri.

Quelle di mia zia: accendilo! Accendi il ventilatore!

Perché lei lo sa che rubo l'aria al vento e che l'aria mi parla."

Mi sentivo bene, stavo recitando quel che mi veniva da dentro, non mi preoccupavo più del risultato, non era più una questione di ottenere la parte. Parlavo ai miei cari, alla commissione, ad Umberto, solo che il mio parlare era connesso con ciò che sentivo, con ciò che ero in quel momento e con ciò che sarei certamente diventata.

"Le parole di mia nonna: spegnilo! Spegni il ventilatore, quanto affetto nella sua parsimonia, risparmiare energia elettrica ma elargire amore incondizionato.

Le parole di un'amica: ci sono! Sono qui per te! Hanno un valore inestimabile, parole rare che si traducono in fatti, ed i fatti parlano nel vento più delle parole stesse."

A quel punto aumentai l'enfasi ed il ritmo.

"Quando hai tutto questo di quali mancanze puoi lamentarti?

Che alibi puoi inventarti per lamentarti? Non hai scuse, cosa vai cercando? Che cerchi? Hai già tutto, ed è proprio lì vicino a te...

E qui?... Che ci faccio qui?... Sto solo perdendo tempo!"

Dio mio cosa avevo appena fatto? M'ero giocata tutto come un'incosciente.

Avevo finito, non avevo altro da aggiungere.

Così tacqui restando dritta in piedi. Un monologo breve, inventato al momento. Mi sembrava però di averlo reso intenso, ed era ciò che volevo.

Il silenzio s'impossessò del teatro, trattenni il fiato. A quel punto crollai a terra inerme come previsto. Ci fu un allarme generale, tutti pensarono che fossi svenuta per l'emozione; non muovevo nemmeno un muscolo. Qualcuno corse a soccorrermi, si formò un gruppetto di persone intorno a me, aspettai ancora; quando fui certa di avere intorno abbastanza attenzione su di me... saltai su sorridente.

Le persone tutt'intorno indietreggiarono d'un passo, erano sorpresi.

Così mi inchinai più volte ringraziandoli.

Ci fu qualche risatina divertita in sala, e qualcuno mi mandò idealmente a quel paese con gesti plateali.

La commissione si riunì mentre gli attori si riversarono nel vicolo dall'uscita laterale del teatro. Mi ritrovai assalita da tutti loro. Zia Armida mi saltò addosso urlando: "Ma quanto è brava la mia nipotina. Quanto è brava!"

Tutti si complimentavano con me: la nonna mi si avvicinò "minacciosa" a passi lenti, mi guardava dritta negli occhi e quando fu a pochi centimetri da me mi diede una pacca sulla spalla sorridendo. Le mollai un bacio sulla guancia. Poi fu la volta di Manu. Era il momento che temevo forse di più dell'audizione. Manu si avvicinò. A fianco a lei, il ragazzo del quale non sapevo ancora niente, neppure il nome.

"Fatti abbracciare!" – disse allargando le braccia e avanzando di corsa verso di me; poi aggiunse: "Sei stata perfetta! Lo sapevo, lo sapevi che lo sapevo!"

Mi abbracciò vigorosamente sbaciucchiandomi tutto il viso.

Era il momento, indicò il suo accompagnatore: "Questo è Luca, un amico... e chissà, forse...". Lasciò la frase in sospeso con una smorfia da gattina buffa.

"Luca" pensai, *"ecco come si chiama!"*

Allungò la mano, gliela strinsi con calore, e lui prese la parola complimentandosi per la mia *performance*. Ci guardavamo con curiosità, ero un po' preoccupata, sapevo molto bene che Manu era abile nell'identificare gli inganni, nessuno riusciva a fregarla.

Così mollai la mano di Luca e nel ringraziarlo mi diressi verso mia madre che aspettava il suo turno un po' in disparte. La baciai affettuosamente facendole un occhiolino.

Tutti aspettavamo una telefonata trepidanti, gli attori che avevano partecipato alla selezione erano in attesa del responso in compagnia di parenti e amici.

Si discuteva, si fumava e nell'aria era percepibile un senso di euforia frammista ad un sentimento di ansia diffusa provocata dall'attesa del responso che tardava ad arrivare.

Ero contrariata per aver ceduto a quell'impulso. Mentre tutti discutevano sulle mie capacità di attrice, la mente come al solito divagava sugli avvenimenti del mio presente. *"Luca!"* Pensai, *"dovevo resistere? Essere più avveduta?"*

Mi pareva d'essermi cacciata in una di quelle storie di tradimenti che si vedono nelle "Soap Opera" e non lo sopportavo. Amavo certamente più Manu, e non avrei mai voluto rovinare il nostro rapporto a causa di quella sorta di cedimento ormonale, o, se vogliamo, per aver fatto prevalere l'istinto alla razionalità.

Mi venne in mente la parabola dello scorpione e della rana fin troppo utilizzata per giustificare il comportamento di coloro che obbediscono al proprio istinto.

Una rana se ne stava a bordo del fiume a sguazzare nella fanghiglia. Uno scorpione si avvicinò e le chiese: "Mi porteresti dall'altra parte del fiume? Io non so nuotare!"

La rana esitante gli rispose: Se lo farò e mi metterò a nuotare per farti oltrepassare le acque, poi tu mi pungerai, e così moriremo entrambi". Lo scorpione, sicuro di sé le disse:

"Ma no, stai tranquilla, non sono mica matto!"

Così la rana, fidandosi di lui, lo fece salire e iniziò la traversata.

Ma proprio quando erano a metà del guado, lo scorpione la punse sulla schiena. La rana allora, agonizzante, le chiese:

"Perché l'hai fatto? Ora morirai anche tu!"

Lo scorpione le rispose: "Non posso farci niente, è la mia natura!"

Io penso che la propria natura certe volte vada combattuta e bisogna resistere alla tentazione di cedere. E' necessario coraggio e forza e combattere per un bene superiore, un'etica incorruttibile, dove l'Io si riappropria della consapevolezza di sé.

Ero perciò incazzata per aver concesso alla mia natura d'impossessarsi del timone conducendo lo scafo al mio posto.

Mentre riflettevo, notai che molti dei presenti si scambiavano pareri sulle audizioni, neanche fossero autorevoli critici teatrali.

All'improvviso, cominciarono a squillare i cellulari degli attori in attesa. Alcuni di essi, una volta conclusa la telefonata, saltavano festanti: "Ce l'ho fatta – gridavano - ci sono riuscito...".

Altri, mesti e disperati, cercavano conforto tra parenti e amici.

Umberto mi parlò pacatamente dicendomi che avevo fatto una gran bella figura e che ero piaciuta molto alla commissione. Insomma, in due parole che avevo ottenuto la parte.

Chiusi la comunicazione, mi girai inespressiva verso i presenti, trovai le lacrime, le volevo, le cercavo... arrivarono.

Un ulteriore *test* per capire fin dove potevo arrivare con la recitazione.

I loro volti, alla vista delle mie lacrime, assunsero espressioni meste. Mia zia mi venne incontro imbronciata. "Quelli non capiscono niente, che ne sanno, tu sei stata bravissima" e pure gli altri si accodarono a quelle parole consolatorie. Aspettai qualche secondo ancora, mentre le lacrime scendevano copiose.

Finalmente decisi di svelare il *bluff*. Mi asciugai il viso, li fissai e mi stampai in viso un sorriso luminoso.

"Vi ho fregate, ce l'ho fatta, il ruolo è mio!" Si udì un boato di disapprovazione. Io mi stavo divertendo come una matta. Manu sembrava davvero incavolata.

"Ogni volta devi fare questi giochetti? La vorrai finire prima o poi?" Serrava i denti nervosamente, sembrava ringhiasse.

"Questa me la paghi!" - continuò imperterrita.

Io la guardavo sorridente e con un'espressione tenera feci una smorfia curiosa, come quando una gattina cerca di farsi coccolare. Cedette. Il ghigno a muso duro scomparve per fare posto ad un sorriso conciliante. M'abbracciò teneramente stringendomi forte.

Era vero, ce l'avevo fatta, mi pareva incredibile ma era la realtà, dovevo solo metabolizzare ciò che era accaduto in quei giorni. Naturalmente mi riferivo anche a Luca. Non sapevo davvero come uscirne, ma soprattutto non sapevo se avrei voluto davvero uscirne. Le immagini di quell'incontro, dei baci, delle carezze e delle sensazioni che avevo provato, mi turbavano ancora, tanto da impedirmi di godere appieno del successo appena ottenuto.

In camera mia, seduta alla scrivania fissavo quel biglietto, leggevo il suo numero di telefono come fossi ipnotizzata.

"Dovevo chiamare? Lo volevo davvero?"

"Oh sì che lo volevo!" Ma non mi decidevo a farlo, dovevo combattere la mia natura per un bene più grande, quello di Manu, lo dovevo fare per salvare il nostro rapporto.

Forse avrei dovuto parlarne con lei? Decisi però che per il momento non avrei fatto niente.

È il peggior vizio, quello di rimandare per paura, ci impedisce perfino di valutare correttamente la situazione. La paura ci paralizza impedendoci di affrontare il problema, sia con azioni concrete, sia con riflessioni profonde. Tutto è messo da parte e non ci si pensa più.

Cercavo di combattere la mia natura e allo stesso tempo cedevo alle mie paure. Non c'è che dire, proprio una bella situazione... come si dice? Sì, proprio così: stavo passando dalla padella alla brace.

Interruppi il racconto all'improvviso. Federico restò in attesa che io andassi avanti ma non avevo intenzione di proseguire; la faccenda che riguardava Luca non voleva proprio essere raccontata.

Sentivo in me come una sorta di pudore, come un ostacolo che mi impediva di continuare. Così dissi: "Beh come vedi ne ho affrontati di casini e ho dovuto trovare in me stessa tutta la determinazione possibile...".

"Sì, una storia proprio interessante – ammise lui - ma devi ancora dirmi com'è andata a finire. Che fine ha fatto quel ragazzo... come si chiamava? Luca mi pare; cosa hai combinato dopo? Com'è finita tra te e Manu? So che siete ancora amiche, quindi non hai più parlato con lei? Non hai continuato la storia con Luca?"

Mi incalzava con mille domande, dovevo pur dargli una risposta. Non potevo tacere.

"Scusami – gli risposi - ma non mi va di parlarne. Posso dirti che le cose non sono ancora state risolte. Manu comunque resta la mia migliore amica ed è per me un punto di riferimento davvero importante, un faro che illumina il mio percorso nei momenti di difficoltà."

Notai nel viso di Federico una smorfia di disappunto, ma non insistette; sono certa che la mia espressione risoluta contribuì a farlo desistere.

"Dunque hai fatto un'esperienza in teatro, è molto importante." Restò lì a grattarsi la barba come stesse riflettendo.

"Certo, è stata una esperienza molto interessante ma anche impegnativa e coinvolgente; dentro di me pulsava forte questo mio sogno, che come sai, si è concretizzato in un progetto che è tuttora in corso d'opera"; sorrisi compiaciuta.

Lasciai Federico con una sensazione di riempimento; mi ero piacevolmente confidata con lui, avevo raccontato tanto di me, e come un vaso vuoto, le mie stesse parole, i ricordi e le sensazioni che riemergevano durante il mio racconto riempivano quel vuoto che avevo provato e che mi aveva spinta a chiedere aiuto a Federico.

Il vuoto della mancanza di soluzioni concrete si riempì di consapevolezza. Compresi, non so bene come, che non erano le soluzioni a sfuggirmi, ma era la mia incapacità di vederle, di percepirle in una visione più ampia, in modo che fluisse in me quella sicurezza che ogni tanto le mie paure distruggevano.

Non gli avevo raccontato della mia relazione con Luca, e mi chiedevo perché ebbi tutta quella riluttanza. In fondo non avevo molto di cui vergognarmi. Però un pochino mi vergognavo. Nel decidere se rivedere Luca, mi promisi di non ricascarci; volevo chiarire alcune cose con lui.

Desideravo discutere di Manu, della natura del loro rapporto. Dovevo essere certa di non aver aperto un varco pericoloso. Sapevo poche cose ma ero certa di quanto tenessi alla mia amica e non avrei permesso a nessuno di rovinare tutto.

Capitolo 13

Sorrisi e compiacimento non possono svuotare l'otre della vigliaccheria. La tentazione di berne il contenuto va sconfitta. Scegliere di dissetarsi dalla fiaschetta del coraggio richiede determinazione e autodisciplina.

Alghero, giugno

Mi presentai da Manu mentre era intenta a riordinare la sua stanza.

Avrei preferito affrontare mille audizioni davanti a tutte le commissioni del mondo, ma non potevo rimandare oltre, così entrai in camera decisa a tirare fuori il rospo che mi avvelenava da giorni.

Manu si girò verso di me mentre piegava una felpa alla spiccia. Come al solito si accorse del mio stato di ansia.

"Che succede? – chiese - cos'hai?"

"Manu devo raccontarti una cosa che è successa...". L'ansia montava in me come una spumiglia.

Lei continuava a sistemare le sue cose come se non percepisse la tensione che mi corrodeva dentro, ma sapevo che anche quella volta m'aveva beccata fin da subito.

"Dunque? Dimmi!"

"Ti prego, fermati! Dai siediti un momento."

Mollò tutto e a passo lento si diresse verso il letto, si sedette e spalancò le braccia come per accogliere ciò che dovevo dirle sottolineando la sua totale attenzione.

"Ehm" – dissi cercando di schiarirmi la voce, ma non riuscivo a dire una sola parola.

"Debora... dai parla, stai tranquilla, cosa sarà mai?"

"Dunque... - esitai ancora per qualche istante per prendere coraggio - ti ricordi di Luca, quello che mi hai presentato?

"Certo... Luca... come no! Quindi?"

"Beh, l'avevo già conosciuto... scusa."

Arrossii di vergogna ma continuai.

"Era venuto a cercarti a casa. L'ho fatto accomodare e... insomma... abbiamo parlato, ci siamo conosciuti e ...".

Mi fermai come avessi incontrato un valico insuperabile.

"OK, l'hai fatto entrare e vi siete conosciuti... e poi?"

"Sì, insomma, è scattato qualcosa tra noi e ... ehm, non so come dirtelo...".

"Cristo santo Debora stai calma, perché sei così agitata?"

"Siamo finiti a letto insieme!" Lo dissi d'un sol fiato quasi volessi liberarmi di qualcosa che scotta, lo tirai fuori strappandomelo dal profondo delle viscere. Dovevo farlo.

Ci fu un silenzio surreale. Mi chiesi perché Manu non dicesse nulla. Perché mi lasciava avvolta nell'oscurità assorbente di quel silenzio?

La stanza all'improvviso fu pervasa dalle risate di Manuela che rideva e si contorceva come se le stessero infliggendo un insopportabile solletico.

"Manu, ma si può sapere cosa ti ridi?"

Ero sorpresa, non compresi immediatamente quella sua reazione.

La tensione però si dissolse presto dentro di me, come se le vibrazioni delle sue risate la trasformassero in impercettibili goccioline di vapore destinate a evaporare nell'aria secondo un destino ineluttabile.

"Ah, ah, ah, ah – pareva se la ridesse ai miei danni - è questo che ti preoccupava? Ti sei scopata Luca? Tutto qui?"

"Ma come? – dissi esitante - non ero certa che la cosa ti fosse indifferente, e poi lui mi ha chiesto di non dirti niente, sì, insomma... non sopporto di nasconderti le cose, ma non capivo cosa ci fosse esattamente tra voi...".

"Tra noi? – domandò ridendosela saporitamente – ah, ah, ah, ah! Niente di tutto questo, tranquilla. Luca ed io abbiamo solo deciso di collaborare per un progetto di lavoro. Siamo in procinto di avviare uno studio sui pozzi sacri della Sardegna, e forse, temeva che scoparsi la mia migliore amica, nonché coinquilina, potesse in qualche modo danneggiare la nostra nuova collaborazione."

Crollai sul letto di fianco a Manu. Tutta la tensione accumulata svanì improvvisamente lasciandomi molliccia e con le gambe tremanti.

Lei continuava a ridere come se quell'ideale solletico provocato dalla situazione che le avevo prospettato non avesse più fine. Sentii la frivolezza di quelle risate invadermi dal basso, fino ad esplodere rumorosamente ed in modo quasi terapeutico.

Ero davvero sollevata. Ora potevo sentirmi libera di rivederlo e capire finalmente cosa c'era sotto quell'impulso primordiale che mi aveva scombussolata fino a rendermi così incerta da evitare di prendere ogni decisione in merito. La paura mi aveva immobilizzata.

In quel momento, durante quelle riflessioni, un nuovo timore mi colse. Rivederlo di nuovo... oppure NO? Lo volevo davvero fino in fondo?

Decisi che: "SI'!" Lo volevo, e l'avrei fatto, non potevo esitare ulteriormente, non avevo più scuse.

Nuovamente sbarcata a Roma, andai all'appuntamento con Luca cercando di immaginare ciò che sarebbe accaduto. Una leggera ansia velava il mio animo. Siamo capaci di scovarla in ogni anfratto del nostro essere. L'ansia è un parassita debilitante che spesso ci procuriamo attraverso elucubrazioni totalmente inutili e dannose.

Luca mi accolse sorridente. Sembrava un po' teso ma si trattava di un'agitazione accogliente, che mi faceva sentire bene, forse perché rifletteva il suo stato d'animo, forse perché era felice di avermi di nuovo lì con lui.

Nel suo studio le pareti e i tavoli erano ricolmi di foto, mappe e testi raffiguranti alcuni pozzi sacri. Si scusò per il disordine.

In un cantuccio c'era un letto singolo senza struttura, era solo un materasso disteso su un tappeto multicolore.

"Ma... ehm... – chiesi curiosa - vivi qui? Nel tuo studio?"

"Sì. Mi è sembrata la soluzione più pratica ed economica."

Sorrise compiaciuto.

Una piccola porticina mal celava un cucinino ben organizzato.

Mi fece cenno di accomodarmi e versò da bere per entrambi.

In quello spazio angusto brindammo alla magia.

Ma ci sarebbe stata davvero di nuovo quella magia che percepimmo la prima volta?

Non era magia? – mi chiesi - forse si trattava di qualcos'altro? Forse erano gli ormoni impazziti, un'attrazione fisica privata di ulteriori misteri?

Non lo sapevo; temevo che fosse solo sesso e, nel caso, andava bene anche così. Comunque la volevo, la desideravo.

Nel profondo di noi bramiamo quella magia, la cerchiamo avidamente setacciando ogni singolo momento dell'esistenza, anche se non lo confessiamo apertamente.

Persino chi racconta a se stesso che non vuole impegni a lungo termine e che possono essere sufficienti i rapporti occasionali, in cuor suo, probabilmente spera in una perenne e continua ricerca di poterla incontrare per davvero questa magia, di percepirla e, finalmente, assaporarla.

Il ragazzo sapeva come muoversi. Mi spinse senza distogliere lo sguardo dal mio viso verso il piano in marmo della cucina. Si sporse verso di me come per baciarmi sulle labbra, ma invece, inclinando il capo, prese a baciarmi sul collo.

Non opposi alcuna resistenza. Mi abbandonai completamente, alzando il mento e scoprendo il collo accolsi i suoi baci eccitanti.

Quell'esperienza dei sensi fu straordinaria, fu una fusione di tenerezza, passione e impeto. Eravamo insaziabili e ci esploravamo reciprocamente stimolandoci senza la minima esitazione nei gesti e nelle azioni. Fin dall'inizio, un sentimento sorprendente ci aveva sempre accompagnato e si confermava pienamente in quell'amplesso così intenso.

Sdraiati a fissare il soffitto fumavamo rilassati, proprio come spesso si vede in quelle scene tratte dai film romantici. Una sigaretta dopo aver fatto l'amore e gli sguardi persi nel vuoto.

Nel silenzio, senza profferire alcuna parola, si poteva percepire soltanto il respiro dei tiri di sigaretta che si disperdevano nell'aria mentre osservavamo le loro danze. Sembrava mancasse solo il soffio di fumo a formare cerchi con le nostre bocche.

Ero esausta ma soddisfatta. Lo stato d'animo, in assenza di picchi ormonali mi parve perfetto per analizzare tutta la situazione. Così mi ritrovai a constatare che quella magia in realtà non c'era stata. C'era senz'altro una meravigliosa intesa a letto, della chimica tra noi e dell'ottimo sesso, ma bisognava ammettere, seppur con una certa delusione, che nient'altro si celava dietro quella bellissima intesa sessuale.

Mentre prendevo coscienza di quella verità, Luca constatò: "Come mai sei così silenziosa...?"

Sorrisi divertita e risposi: "Lo siamo entrambi!... No... è che stavo riflettendo...".
"Su cosa?"
"Pensavo a quanto è stato bello. Mi sarei aspettata un certo livello di tensione...".
"Beh, a me è sembrato che di tensione... sessuale ce ne fosse in abbondanza."
"Ah, ah, ah, ah, scemo! Quella non mancava di certo – sorrisi... poi continuai.
"Intendevo una sorta di imbarazzo, di disagio. Invece è stato tutto... come dire, naturale ecco!"
"Vero. La naturalezza tra noi c'è stata fin dalla prima volta. È qualcosa di sorprendente ed anche di non così comune quando due persone si conoscono poco."
Era vero, ci eravamo incontrati due volte, ed in entrambe le occasioni avevamo lasciato parlare i nostri corpi.
Finimmo di fumare e ci salutammo senza farci alcuna promessa. Questo mi piacque particolarmente.
Non volevo impegnarmi in una storia vincolante, avevo altro a cui pensare, ma avrei dovuto fare i conti con la sensibilità altrui. Luca avrebbe potuto non pensarla come me, avrebbe potuto chiedermi qualche mio recapito se non addirittura un nuovo appuntamento; invece, mentre ci rivestivamo si avvicinò, mi baciò sulle labbra e mi sussurrò:
"E' stato meraviglioso. Non perdiamoci di vista, se vuoi sentirmi o vedermi qualche altra volta non farti problemi, io non me li farò di certo. Niente seghe mentali."
Sorrise compiaciuto e mi lanciò un occhiolino ammiccante. Sorrisi anch'io e rafforzai il bacio, sottolineando così il mio apprezzamento per le sue parole.

Rientrata ad Alghero mi rinchiusi in camera mia a scrivere. Avevo bisogno di scaricare la tensione, e quest'attività si rivelava sempre un buon rimedio in certi momenti particolari. Scrivere, era stato per me, da sempre, molto terapeutico.

Sentii la porta d'ingresso aprirsi. Manu era rientrata.
"Debora... ci sei?"
"Sono qui, in camera!"

Fece capolino, inchinandosi profondamente, come se avesse appena recitato davanti ad una platea.
"Come va? – chiese - tutto bene?"

Sapeva che mi sarei incontrata con Luca, e quelle sue smorfie rimarcavano tutta la sua curiosità.

Scoppiai in una risata: "ah, ah, ah, ah... sì, tutto bene."
"Dai, raccontami, non essere avara con le parole."

Così ci sedemmo davanti ad un bicchiere di rosso e le raccontai com'era andato quell'incontro senza evitare di consegnarle le mie riflessioni e conclusioni.

"Mi sembra sensato, ora devi occuparti del nostro progetto. E poi, quando senti di averne bisogno puoi sempre contattarlo, non c'è niente di meglio di una buona scopata per sanare corpo e anima" – seguì un'altra risatina allusiva.

"Dici bene – aggiunsi ridendo - e Luca sa davvero come prendermi."

Scherzavamo e si giocherellava come eravamo abituate.

Non ero sicura se il mio approccio verso quella nuova situazione, specialmente riguardo a Luca, fosse corretto. Tuttavia, mi dissi che finché entrambi eravamo d'accordo con quel modo di gestire le cose, non c'era nulla di sbagliato.

Capitolo 14

L'attimo temuto si rivela puntuale. Puoi prepararti a dovere, ma è l'istinto il tuo riferimento ed è con esso che puoi superare ogni ostacolo.

Alghero, giugno

Elena mi bombardava di messaggi ogni volta che riceveva un rifiuto nel tentativo di ottenere la prima intervista con l'attore che aveva individuato: Paolo Giunchi, un nome abbastanza noto ma perfettamente accessibile per mettere a punto la nostra strategia ingegnosa che prevedeva la preparazione di un tranello.

Mi serviva una buona idea per ottenere udienza e ingannare la sua addetta stampa; questa mi sembrava l'unica soluzione dato che continuava a negarsi accampando continuamente scuse.

Sì, ma cosa avrei potuto architettare? Dovevo pensarci bene e, come sempre, mi presi del tempo. Sforzarmi nella ricerca di una soluzione non avrebbe portato a niente, con un po' di pazienza, al momento giusto, in qualche modo avrei risolto. Ultimamente avevo usato molti sotterfugi ma in quel caso la questione era delicata, non potevo permettermi errori.

Prima di tutto c'era bisogno di provare l'intervista con un interlocutore "tipo"; dovevo testare le domande e scoprire quali risposte riuscissi ad ottenere. Avevo deciso che durante l'intervista avrei fatto spegnere le telecamere, mentre ne avremmo piazzate alcune ben nascoste così da creare un momento intimo per indurre l'intervistato a dire qualcosa di più personale, che probabilmente a telecamere accese non avrebbe mai detto.

La prima prova la feci telefonicamente con Federico ma fu fin troppo facile, non aveva certamente problemi a rivelarmi qualcosa di sé. La seconda fu più interessante, invitai Andrea a prendere un caffè con la scusa di rivedere alcuni aspetti riguardanti la promozione del film. Andrea aveva molti dubbi sulla riuscita delle interviste, lo aveva detto chiaramente e fu divertente fregarlo, ci cascò con tutte le scarpe.

Ero pronta per affrontare Paolo Giunchi, dovevo solo convincere la sua addetta stampa e non era per nulla semplice.

I giorni si susseguivano uno dopo l'altro ed io non riuscivo proprio ad intravvedere una soluzione; nel frattempo scrivevo quotidianamente, e quando mi sentivo stressata volavo a Roma da Luca. Passavamo qualche ora insieme e rientravo ricaricata. Manu mi sfotteva.

"Sei mica una *"Duracell"* tu... ah, ah, ah."

Lei ci scherzava su, ma io sentivo il bisogno di distrarmi, di fare sesso e non pensare a niente, e Luca era perfetto, non pretendeva niente di più di ciò che ero disposta a dargli. I nostri momenti erano teneri, intimi, speciali.

Incontrai Letizia nello studio dove realizzava le sue opere assemblate con prodotti di recupero.

Di solito, in sua compagnia mi sentivo in una zona di comfort particolare, come se fosse capace di evocare sensazioni infantili sullo stile del nido famigliare; la sua compagnia era qualcosa di piacevole e lei sapeva essere sorprendente.

Tra tutti i suoi lavori mi colpì in particolare un lampadario realizzato con vecchi tubi, bottiglie di plastica e vecchie tazzine da caffè. Così ci scherzammo su, sostenendo che avrebbe potuto sostituire quello del "bar del lampadario" battezzato così da me perché quello che avevano era davvero enorme e inguardabile.

Mi colpì il discorso che mi fece sul suo lavoro.

"Mi piace assemblare vari materiali nel tentativo di creare armonia tra loro. I tubi, le tazzine e le bottiglie di plastica in questo caso avranno una nuova duplice funzione: divenire un prodotto utile nel quotidiano, e nello stesso tempo appagare il gusto estetico. Mi capita alcune volte di ottenere ottimi risultati quando riesco ad osare."

"Cioè? Osare in che modo?"

"Beh, vedi, alcuni lavori hanno bisogno di essere creati con un certo livello di rischio; sento che c'è la necessità di resettare tutti i criteri per gli abbinamenti. Quindi assemblo forme, colori e materiali che di norma non metterei mai insieme. Credo che in questi casi, quando il risultato è apprezzabile, la chiave sia proprio quella di uscire dagli schemi."

Letizia mi aveva appena dato un'idea folle ma dovevo valutarla con calma.

Unire mondi differenti tra loro, trasformarli in qualcos'altro, inventare un nuovo oggetto totalmente nuovo. Mi pareva un'ottima strategia.

Passai il pomeriggio con lei a chiacchierare e a sorseggiare la sua deliziosa tisana al bergamotto.

Dieci del mattino, io e Manu nella sala dove di solito ci riunivamo.

Ero appena rientrata ad Alghero e ogni volta ripercorrevo la strada che dall'aeroporto giunge in centro lungo il litorale; non potevo farne a meno, era ormai un'abitudine che mi godevo appieno.

Aspettavamo gli altri. Arrivarono tutti insieme.

Andrea, come sempre, fece qualche battuta sagace su quella riunione d'emergenza; io e Manu sorridemmo ma eravamo piuttosto tese per quello che sarebbe accaduto in seguito.

Avevo istruito Manuela sul ruolo che doveva recitare, e lo spiegai a tutta la squadra. Elena pareva preoccupata.

"Tu sei tutta matta – disse - lo siete entrambe."

"Beh direi che in questa avventura lo siamo un po' tutti!"

Ridemmo in coro, più per sfogare il nervosismo che per la battuta in sé.

Manu agguantò il telefono e compose il numero. Spacciandosi per l'addetta stampa del Quirinale, spiegava alla riottosa collaboratrice di Paolo Giunchi, che durante un lavoro di archiviazione sul presidente Pertini era stata rinvenuta una lettera nella quale si faceva riferimento specifico alle qualità professionali dell'attore e se ne elogiavano, oltre alla professionalità e all'ottima performance recitativa, i meriti come uomo, la sua sensibilità e la sua straordinaria empatia.

Eravamo tutti lì ad ascoltare trattenendo il fiato come se da un momento all'altro dovesse accadere qualcosa di straordinario.

Manu parlava ostentando una sicurezza sorprendente. Chiedeva un incontro con Paolo Giunchi per approfondire la questione, perché in progetto c'era la creazione di un memoriale nel quale si desiderava mettere in evidenza l'aspetto "umano" dell'ex Presidente.

Un silenzio sospeso si creò nella stanza mentre Manu ascoltava attentamente la sua interlocutrice. Noi, quasi senza fiato, nutrivamo una speranza che, sebbene non fossimo pienamente fiduciosi, ci portava a desiderare ardentemente di ottenere quella dannata intervista.

La telefonata si concluse, sentimmo Manu mentre salutava la collaboratrice dell'attore.

"Perfetto, sì, molto bene, allora siamo d'accordo... va bene, ci aggiorniamo giovedì, arrivederci."

Mi uscì un sospiro esausto per essermi dovuta trattenere, poi dissi: "Quindi? Non dirmelo... anzi sì dimmelo... ce l'abbiamo fatta?"

Ci tenne per qualche secondo in sospeso, poi lanciò le braccia in alto in segno di vittoria ed esultò saltando. "MITICA!"

Il giovedì successivo confermarono l'appuntamento e mi misero in contatto con Paolo Giunchi, mi diedero il suo numero di cellulare per accordarmi direttamente con lui sui particolari dell'intervista.

Concordammo per il sabato mattina. Gli chiesi di incontrarci nella terrazza del mio solito bar a Roma. Mi parve un'idea strategica e piuttosto indovinata quella di giocare - per così dire - in casa.

Ricordavo, nel libro "L'arte della guerra" una massima che enfatizzava l'importanza di conoscere bene il terreno sul quale affrontare la battaglia e, il "bar del lampadario" era un terreno che conoscevo bene.

Dovevo solo mettermi d'accordo con il cameriere, ci conoscevamo senza aver mai scambiato una sola parola a parte che per le ordinazioni. C'era bisogno di un appoggio esterno, di qualcuno che giocasse in casa. Era l'unico modo per agevolare la realizzazione del *set*, con telecamere in vista e altre nascoste.

Il venerdì la squadra si mise all'opera. Era imperativo preparare il "campo di battaglia" per tempo - non era scritto su "L'arte della guerra" - ma si sarebbe dovuto fare.

Preparai una scaletta per l'intervista, quella ufficiale, ma avevo in mente anche una seconda scaletta, diciamo così, clandestina.

Paolo Giunchi era un uomo accattivante, non bello ma con un suo preciso carisma; lo conoscevo per la sua fama ma dal vivo si rivelò un bell'uomo con due occhi tristi ma piuttosto teneri. Un uomo duro e tenero allo stesso tempo, un *mix* davvero pericoloso. Ora capivo perché era considerato uno "sciupa femmine."

Ero seduta al tavolino della terrazza con il *cameraman* in attesa.

Vidi arrivare Giunchi a passo svelto. Dava l'impressione di essere molto sicuro di sé; si rivelò davvero cordiale. Ci presentammo e lo feci accomodare.

L'intenzione era di rendere l'incontro con l'attore poco formale e, gradatamente, sgretolare la maschera che il suo ruolo gli imponeva. Volevo farlo aprire, farlo sentire libero da ogni etichetta.

Ero una giovane intervistatrice, e lui un uomo d'esperienza, questa cosa però doveva necessariamente giocare a mio favore.

Devo dire che si rivelò da subito una persona alla mano, e questo mi agevolò il compito.

Iniziai l'intervista chiedendogli del suo rapporto con Pertini, in quale occasione l'avesse incontrato e che impressione gli avesse fatto.

Andammo avanti per alcuni minuti con domande e risposte. Lui giocherellava un po', faceva battutine e in un paio di occasioni mi fece anche dei complimenti che mi fecero arrossire. Era pur sempre un attore famoso, ed io cercavo in tutti i modi di nascondere l'emozione di essere lì al suo cospetto con l'ansia di fare la "mia mossa" al momento giusto.

Mi raccontò del suo incontro con il Presidente Pertini, il quale lo elogiò per il ruolo recitato in un film d'autore: "Amori in luoghi inaspettati", nel quale interpretava un barbone che salvava un immigrato che voleva suicidarsi. Una storia struggente e di grande attualità.

Pertini lo volle così conoscere e, stando al suo racconto, il Presidente fu cordiale e conviviale con lui. Brindarono con vino rosso, spiluccando stuzzichini come fossero vecchi amici.

Facemmo l'ordinazione. Il cameriere si avvicinò come al solito con quella sua caratteristica camminata fluttuante. Il suo sguardo era fisso su di me ma io evitai di ricambiare per timore di compromettere il ruolo che mi ero autoimposta.

L'ordinazione fu semplice; lui volle un calice di rosso, io gli feci compagnia.

Ad un certo punto, nel raccontarmi i dettagli dell'incontro con Pertini, si concretizzò l'occasione che aspettavo. A quanto pare, visto l'argomento del film "Amori in luoghi inaspettati", i due disquisirono appunto, sull'amore e come questo si riveli in modi squisitamente sorprendenti.

Lo feci finire, poi mi sporsi verso di lui mentre chiedevo di spegnere le telecamere.

Fu sorpreso ma incuriosito dalla mia mossa.

Così gli rivelai che avevo un problema personale e che volevo un suo parere, quello di un uomo d'esperienza.

Fin dall'inizio dell'intervista aveva voluto che ci dessimo del tu, e parve ben disposto ad entrare più in confidenza, forse anche grazie al mio atteggiamento poco formale che sembrava lo mettesse a suo agio.

Così gli raccontai di un amore travagliato, nel quale mi sentivo invischiata; gli dissi che non avevo le idee chiare, che desideravo trattenerlo ma che temevo quel desiderio.

Mi ascoltò con attenzione. Mentre parlavo, il timore di inciampare in qualche errore mi innervosiva non poco, ma appena gli chiesi un consiglio... fu come un fiume in piena.

Era proprio ciò che desideravo, metterlo nella posizione di sentirsi arricchito dalla sua esperienza di vita, di assumere il ruolo di un saggio consigliere.

Sapevo che sarebbe stato per lui, come per chiunque altro, qualcosa di irresistibile.

Quando all'inizio dell'intervista gli feci sottoscrivere la liberatoria preparata ad arte, tremavo senza darlo a vedere, ma non ebbe alcun sospetto, firmò tranquillamente senza dare troppa importanza al contenuto. Una prassi alla quale evidentemente era abituato.

Avevo acquisito molto materiale su cui lavorare per il montaggio. Lo ringraziai, ci salutammo con un bacio ed un abbraccio, e prima di accommiatarsi mi disse: "Quello che davvero conta è assecondare l'istinto, contrastarlo è quasi sempre deleterio."

Se ne andò con un sorriso, un cenno della mano e un occhiolino ammiccante.

Capitolo 15

Gli affanni del giorno proiettano la notte, audaci scoramenti. Ritenerli verosimili è una tentazione irresistibile. Scuotersi, liberarsi da quella oscura visione, che la mente arrendevole ti consiglia, è l'ennesima prova da superare.

Alghero, luglio

La soddisfazione dei risultati ottenuti fino a quel momento, devo ammetterlo, era alquanto gratificante.

Ma non potevo permettermi pause, seppur piacevolmente inebrianti.

Avevo chiesto a Elena di trovare alcuni attori per le parti minori, specificando che sarebbe stato necessario recuperare degli sconosciuti. Bastava che fossero dei semplici aspiranti. Dovevamo proporgli di lavorare *gratis*, e l'unico modo possibile era farli entrare nel "gioco" con la promessa di futuri introiti qualora il film avesse riscosso un certo successo.

Intanto, dovevamo organizzare l'altra intervista. La "vittima" designata era Samanta Costa, un'attrice emergente ma abbastanza nota al grande pubblico. Rispecchiava in pieno l'altro protagonista di cui avevamo bisogno. Inoltre, era assettata di visibilità. Avrebbe accettato con entusiasmo, specie se l'intervista sarebbe stata incentrata sulla sua "futura e brillante carriera."

Così, le indorammo la pillola. Fu sempre Manu a lisciarle il pelo, in questo era davvero brava, l'avevamo constatato durante la telefonata con la collaboratrice di Paolo Giunchi.

Ottenemmo l'intervista senza grandi sforzi. Organizzammo come avevamo già fatto altre volte, sulla terrazza del "bar del lampadario".

Samanta Costa arrivò puntuale. Fu da subito molto affabile. Prendemmo un caffè come due amiche che si incontrano per raccontarsi le ultime novità.

Era un'attrice trentacinquenne che aveva recitato in vari ruoli ma nessuno particolarmente significativo o che le avesse permesso una svolta della propria carriera. Nascondeva una sorta di malinconia latente che decodificai in timore. Forse, si trattava del rimpianto di aver perso troppi treni, di non essere stata in grado di cogliere l'attimo che, inesorabilmente, ma purtroppo difficilmente si ripresenta per la seconda volta.

Percepivo la presenza di questo suo stato. Non che fosse così preponderante ma c'era. Mi chiesi quanto incidesse nella realizzazione delle sue aspirazioni. Nel profondo ognuno di noi rischia di trascinarsi dietro dei fardelli che identificherei come paure. Paura di non riuscire a raggiungere gli obiettivi, di non essere all'altezza della situazione o timore di essere già troppo vecchi per sperare ancora nel successo.

Questi fardelli auto inflitti possono essere davvero invalidanti e andrebbero estinti fin dal loro primo insorgere.

Samanta Costa però, nonostante il velo che celava tali timori, essendo una brava attrice forse era in grado di nasconderli molto bene.

In quanto a timori ne avevo uno che mi martellava in testa da un po'. Era più una sensazione, come se fossi consapevole che intervistare una donna e ingannarla fosse più difficile che con un uomo.

Secondo la mia opinione, le donne possiedono una maggiore intuizione e una sorta di perspicacia. È probabile che il mondo abbia reso necessario questo modo di agire. Abbiamo concluso che sarebbe stato più difficile e ciò richiedeva un approccio diverso.

Prima di iniziare l'intervista, mentre sorseggiavamo un caffè, portai gradatamente i discorsi a livello amicale. A poco a poco ci ritrovammo a parlare del più e del meno.

Non avevo ancora fatto accendere le telecamere in vista, quelle nascoste invece giravano fin dall'inizio dell'incontro.

Abbiamo condiviso con Samanta molte cose su svariati argomenti, arrivando persino a parlare delle nostre abitudini quotidiane; come prendiamo la colazione, come ci sentiamo appena svegli, se ci capita mai di parlare da soli... In sostanza, si era creata un'atmosfera che nulla aveva a che fare con un'intervista formale. Era proprio ciò che volevo.

Samanta era una donna molto intelligente, arguta nelle sue considerazioni. Era sorprendentemente piacevole e interessante conversare con lei. Aveva punti di vista particolari. Ricordo che in alcuni passaggi del colloquio avevo completamente dimenticato il motivo per cui ci trovavamo lì.

Ora però dovevo tirare fuori l'argomento focale: l'amore, i rapporti di coppia, i "casini" che a volte provocano i sentimenti e la gestione delle emozioni.

Non potevo sottovalutare l'intelligenza e l'arguzia di Samanta. Nella precedente intervista avevo inventato un problema d'amore. In questo caso sentivo che mi avrebbe smascherata se l'avessi fatto ancora. Dovevo attuare un approccio realistico. E quale racconto è più realistico della realtà?

Così le raccontai della mia storia con Luca, di come era nata e di come poi avevamo deciso di impostarla.

Samanta non sospettò niente naturalmente, e mi sorpresi a valutare le sue considerazioni davvero interessanti. In quel momento i rispettivi ruoli si diluirono, quasi sparirono. Io non ero più lì per ingannarla, lei non era più lì per concedermi un'intervista.

Samanta mi fece notare che la nostra decisione, quella di vederci occasionalmente e senza impegno con Luca, era dovuta alla paura piuttosto che alla voglia di leggerezza o alla comodità di non sentirci coinvolti.

Stava sgretolando le mie convinzioni sulla natura del mio rapporto con Luca.

Mi raccontavo delle balle? Davvero tutto si basava sulla paura?

Non ne ero certa, ma il dubbio si era intrufolato in me come un verme strisciante, come un parassita pericoloso. Samanta mi aveva sbattuto in faccia quelle che erano le responsabilità verso me stessa, e in quel caso mi resi subito conto di averle evitate accuratamente.

Arrivò finalmente il momento dell'intervista. Feci accendere le telecamere, tirai fuori la scaletta e iniziai con le domande. Stava andando tutto bene, e mentre parlavamo, compresi che alcune delle sue risposte avrebbero potuto rivelarsi utili per il film in aggiunta a tutto ciò che ci eravamo dette precedentemente.

Nel giro di un po' avevamo terminato l'intervista; era andata molto bene, mi sentivo soddisfatta ed ero certa che il materiale ottenuto fosse fantastico. La ringraziai, le feci i miei complimenti e le augurai ogni bene.

Anche lei si complimentò con me, mi sorrise dolcemente e mi abbracciò con calore. Ricambiai con una certa esitazione, mi sentivo strana. Abbracciarla mi provocò quel senso di colpa che provai fin dall'inizio. Sapevo che in fondo in fondo nessuno sarebbe stato denigrato o offeso dal risultato del montaggio del film, ma ingannare così i miei ospiti mi faceva sentire subdola. Forse in parte lo ero, ma il raggiungimento dei miei obbiettivi era più importante di simili scrupoli. Ero certa che sia Samanta Costa che Paolo Giunchi, alla fine non avrebbero avuto niente da obiettare, ma era necessario fare un buon lavoro, essere accorti, ed evitare di ledere chicchessia.

Ancora una volta, rientrata in Sardegna, mi ritrovai da sola in camera a rimuginare sull'accaduto.

Anche se mi sforzavo di concentrarmi sul film, non riuscivo a smettere di pensare a Luca. Mi chiedevo cosa volessi esattamente; mi piaceva la nostra relazione occasionale, o mi era semplicemente comoda? Volevo che tutto restasse così, o desideravo qualcosa di più? E Luca, cosa voleva? Continuare la nostra relazione così com'era?

Elucubrazioni scomode ma necessarie. Sentivo che quelle domande necessitavano delle risposte, e la prima a doverle dare ero io. Decisi che pensare troppo fosse inutile e per quanto rischioso, dovevo parlarne con lui.

In un turbinio di sensazioni forti ed emozioni contrastanti, le decisioni da prendere si alternavano tra loro antagoniste. Un momento avrei voluto chiarire con Luca, e subito dopo mi dicevo che in fin dei conti poteva andare bene così. Insomma, ero combattuta.

Mi addormentai di un sonno agitato, ma al mio risveglio ero calma e rilassata.

Non sentivo la necessità di parlarne con Manu che stava armeggiando in cucina; avevo deciso di lasciar fluire l'istinto. Avrei fatto e detto ciò che sentivo sul momento.

Ci riunimmo per fare il punto della situazione. Avevamo raccolto il materiale necessario.

Elena aveva trovato gli altri attori, quelli consapevoli, e mi parvero perfetti. Decidemmo di girare le loro scene al più presto, poi ci saremmo occupati di trovare un bravo montatore, anche se c'era lo scoglio delle finanze perché il montaggio, lo sapevamo bene, sarebbe costato non poco.

Mi arrivò un invito da Luca, mi propose una cena al ristorante, accettai volentieri. Tra noi, avevamo stabilito di non avere regole. Se uno dei due avesse voluto vedere l'altro avrebbe dovuto semplicemente chiederlo, e in caso di diniego, nessuna tragedia, ci sarebbe stata un'altra occasione.

Così mi organizzai e andai nuovamente a Roma.

Dopo un'ottima e piacevole cena, andammo da lui. Fui io a chiederlo, avevo necessità di un po' di intimità.

Il desiderio bruciante di esprimermi era palpabile ma lo trattenni volontariamente. Volevo godere di una connessione profonda con lui e sapevo che l'argomento che mi agitava avrebbe potuto squilibrare la nostra intimità.

Così, ci lasciammo trasportare dall'amore. Presi io le redini del gioco rompendo la consuetudine. Di solito ero felice di lasciarlo guidare ma quel giorno ero io a comandare. Lui tentò di invertire i ruoli. Mi posizionai sopra di lui.

"Oggi, caro mio, sto io al timone."

Tornai ad Alghero carica, Luca era un ottimo rimedio.

In quei giorni eravamo tutti molto impegnati. Non trovavo il tempo di conversare con Manu, lei si occupava di molte cose. Organizzare la campagna pubblicitaria, i rapporti con alcuni *blogger* che avrebbero dovuto parlare di noi e del nostro film, la realizzazione della locandina e altre innumerevoli cose.

Ci ritrovammo esauste a fine giornata. Stappai una bottiglia di vino e ci sedemmo finalmente a chiacchierare.

Le raccontai dei miei dubbi sul da farsi in merito a Luca, di come erano scaturiti simili dubbi. Volevo sapere cosa ne pensasse, mi serviva un consiglio.

Manu sorseggiava tranquillamente il suo vino e nel frattempo sembrava riflettere su ciò che le avevo detto; io restai in attesa di una risposta fissandola come un cagnolino che aspetta la pappa.

Ecco, ad un tratto mi sembrò pronta, pareva stesse per parlare ma poi rivolse lo sguardo verso l'alto come per riflettere ancora.

Non ne potevo più, avevo aspettato con pazienza ma ora volevo risposte.

"Quindi? – chiesi con trepidazione – Stai ancora pensando a quello che devi rispondermi? Dai, parla!"

Ridacchiò divertita, e lentamente, mentre mi guardava e sorrideva, assaggiò il vino con parsimonia come fosse un esperto *sommelier*.

"Manu... ce la facciamo?"

"Ah, ah, ah – rise – dai... stai calma, ora ti dico."

"Sarebbe ora!"

"Vedi, non sono certo la persona più adatta a dare consigli in fatto di rapporti sentimentali... però penso che in questi casi sia necessario ascoltarsi. Non importa se l'impostazione del vostro rapporto sia dettata dalla paura. La paura è solo uno strumento che ti permette di evitare errori se la utilizzi nel modo giusto. Ciò che importa è cosa desideri ora, ciò che vuoi dopo questa prima fase. Vuoi continuare a goderti questa situazione così com'è? O preferisci alzare il livello? È inutile che ti chiedi che ne pensa lui, prima devi capire che cosa ne pensi tu... non credi?"

Naturalmente aveva ragione, il suo discorso aveva davvero un senso.

Riprese a parlare non prima di aver bevuto un altro sorso di vino. "Mhmm... proprio un ottimo vino!"

Si schiarì la voce con un grugnito, poi: "Una volta che avrai le idee chiare, allora potrai preoccuparti di ciò che pensa Luca. Ovviamente potrebbe non essere d'accordo con te, mettilo in conto."

Ed ecco che tutto il suo discorso si scontrava con un ostacolo bello grosso.

Ma non potevo distrarmi dal lavoro che stavamo facendo, era un momento troppo importante. Luca, per ora, andava bene così, ma comunque parlarne con Manu mi aveva schiarito le idee.

Così lasciai stare. Non era una forma di procrastinazione per evitare di affrontare la questione ma piuttosto un rinvio motivato dalla presenza di cose più importanti e urgenti. Il mio sogno veniva al primo posto, il resto poteva tranquillamente aspettare.

Capitolo 16

La consapevolezza è la base della persuasione, ma non bisogna cedere alla tentazione di usare sotterfugi. La sincerità è spesso la chiave per ottenere risultati insperati.

Alghero, agosto

Quando finimmo di girare le scene con gli attori che avevamo ingaggiato, un senso di scoramento mi invase l'animo. Non riuscivo a provare quella felicità e soddisfazione, che mi sarei aspettata una volta completato tutto il lavoro che aveva richiesto così tanto impegno e determinazione.

Mi sentivo prosciugata. Tutte le mie energie sparirono all'improvviso. Restava solo un grande senso di vuoto. Ero come un recipiente riposto in disparte, come un oggetto che non ha più alcuna utilità.

Mi presi qualche giorno per ricaricarmi. Invitai tutti a riposare un po', ormai non c'era più molto da fare prima del montaggio.

Federico mi aveva parlato di un certo Filippo, lo ricordavo bene. Un ottimo montatore che lavorava in uno studio da casa e che era in possesso di un'attrezzatura moderna e all'avanguardia. Io però decisi di rimettermi al lavoro solo quando quella spiacevole sensazione di vuoto mi avesse abbandonato. Non mi restava che fare una pausa.

Durante quei giorni di inattività e di tedio, riflettevo su tutto ciò che avevo vissuto fino a quel momento.

Non intendevo arrivare ad alcuna conclusione, quella era solo una riflessione che ripercorreva gli eventi che avevano così tanto inciso sul mio cammino e sulla mia crescita personale, tanto da rendermi diversa e cambiare la mia visione della vita che sembrava essere diventata qualcosa di completamente nuovo e sorprendente.

Manu sembrava serena. Era sempre sorridente e ben disposta ad affrontare in modo fiducioso la giornata. Io, invece, mi svegliavo sempre ombrosa e preoccupata.

Luca mi aveva cercato un paio di volte ma avevo sempre rifiutato di vederlo accampando scuse puerili. Ero certa che avesse percepito il mio cattivo stato d'animo e che gli impegni che millantavo fossero solo delle scuse per non incontrarci, ma non m'importava nulla. Ero in una fase di *down* totale.

Facevo lunghe passeggiate tra le viuzze di Alghero, proseguivo verso le mura antiche godendo del panorama respirando a pieni polmoni il profumo del mare, scendevo le scale che portano al porto e raggiungevo le spiagge.

In quei momenti mi sentivo meglio. Alghero ancora una volta mi stava aiutando a risalire la china.

Un giorno, appena alzata, mentre prendevo un caffè, con la nebbia che mi offuscava la mente, Manu irruppe in cucina.

"Porca zozza come sei messa! Ah, ah, ah, ah."

"Mhmm – continuò invadendomi con una risatina fastidiosa - non ti si può proprio guardare...".

Grugnii qualcosa e Manu riprese a sfottere.

"Ma ti rendi conto che rispondi come fossi un animale selvatico?"

Il caffè caldo intanto scendeva nella gola rianimandomi lentamente.

"Manu... ora mi riprendo, stai calma."

"Eh, eh, eh – rise ancora... e poi aggiunse - sono calma, ma abbiamo bisogno di te e sono ormai alcuni giorni che ti comporti in modo strano. Appena sveglia sembri uno zombie, e durante il giorno è come fossi assente, te ne vai in giro da sola e quando rientri sembri un fottuto fantasma che vaga per casa strascicando le ciabatte sul pavimento ed emettendo versi gutturali... ah, ah, ah, ah."

"Sì, sì, lo so, ma è così che mi sento, come un fottuto fantasma!"

"Senti, ora basta. Vai a farti una doccia, vestiti e incontriamo gli altri!"

Non ne avevo per niente voglia. Manu però insisteva.

"Su, su, forza!"

Mi sollevò di peso, mentre Gianni mangiucchiava le crocchette dalla sua ciotola; alzando lo sguardo senza smettere di mangiare ci osservava stranito. Forse anche il mio "amorino" mi vedeva come un fantasma, l'avevo trascurato per troppo tempo.

Strisciai in bagno. Non avevo la forza di oppormi alla determinazione di Manu.

Dopo la doccia mi ripresi lentamente, era come se il sangue, ora avesse ricominciato a defluire e riprendesse a circolare nelle vene vitale ed energetico.

Così com'era arrivata, improvvisamente quella sensazione di vuoto era scomparsa, completamente svanita.

Chiamai la squadra per organizzare una riunione già in mattinata. Dato che la cassa era a secco non potevamo permetterci la sala in affitto; quindi, decidemmo di riunirci per pranzo nella terrazza di uno splendido bar sulle mura antiche di Alghero.

Il cameriere si presentò con un particolare modo di incedere. Avrebbe potuto essere paragonato a quello di un serial killer, una sorta di *ninja* inquietante, ma decisi visto il personaggio, di paragonarlo ad un monopattino elettrico.

Il suo aspetto non combaciava con l'immagine che avevo di un assassino ma il suo passo era silenzioso e felpato come quello di un monopattino.

Manu ordinò un'insalata. Elena delle patate al forno. Io un *poke* di riso, verdure e salmone crudo. Andrea una tagliata rucola e grana. Da bere birra per tutti.

Feci il punto della situazione. Spiegai che per il montaggio avevo già il nominativo di un professionista, ma che non avevamo soldi per coprire il costo del lavoro.

Andrea fu il primo a parlare.

"Ok, quindi cosa facciamo?" Elena intervenne. "Dì la verità, hai già qualche idea?" Sorrise maliziosa.

Manu non parlava, mi osservava senza mai distogliermi lo sguardo di dosso.

"Dovrò usare le mie doti di persuasione!"

Lo dissi sforzandomi d'essere più seria possibile ma mi venne male.

Tutti scoppiarono a ridere... Bastardi!

Ridemmo e brindammo. Mandando giù la birra fresca, un vero toccasana in quella calura opprimente di agosto.

C'era poco da ridere. Non avevamo scelta. Dovevo assolutamente parlare con questo Filippo.

Chiamai Federico e gli chiesi il numero del montatore. Con la sua consueta disponibilità mi comunicò il numero assicurandomi che lo avrebbe chiamato per avvisarlo, in modo da rendermi la cosa più agevole.

Tornai a Roma.

Arrivai all'ingresso dell'abitazione di Filippo Barbieri, una villa molto graziosa cinta da un muro bianco e con un grande cancello d'ingresso. Suonai il campanello e mi presentai rispondendo a chi mi parlava al citofono.

Il cancello si spalancò e risalii un breve vialetto immerso nella natura. Il giardino era lussureggiante e stentai a riconoscere la bella vegetazione che pareva avere qualcosa di esotico. Ebbi la sensazione d'essere stata catapultata in un altro continente, una mini-giungla tropicale.

Più in alto, una scalinata portava all'ingresso della villa, e ad aspettarmi c'era un uomo sui quaranta alto e magro con lineamenti sottili e spigolosi, capelli grigiastri e lunghi raccolti in una coda che cadeva fino alle scapole.

Indossava una lunga vestaglia color mattone che arrivava all'altezza delle ginocchia, sotto la quale portava un pantalone bianco che scendeva largo e morbido fino alle caviglie. Calzava un paio di infradito di cuoio; i piedi erano piuttosto abbronzati. Allungò il braccio per stringermi la mano e dalla manica larga fece capolino un polso sottile adornato di bracciali di cuoio e tessuto.

Mi strinse la mano mentre con l'altro braccio mi fece cenno di accomodarmi.

Mi sarei aspettata un arredamento sfarzoso, una certa ostentazione di ricchezza, invece, tutto era essenziale.

Un arredo grazioso, non oppressivo né opulento, anzi; dava una sensazione di accoglienza e il buon gusto non era certo ostentato, piuttosto conferiva un senso di naturalezza che ti faceva sentire bene e a tuo agio.

"Mi perdonerai se ti accolgo in casa disse - ma io lavoro qui, lo trovo... più comodo."

Mi sentii autorizzata a dargli del tu come aveva fatto lui.

"Ma certo, ci mancherebbe. Ti capisco."

Ci accomodammo nel suo studio. Sulla destra una enorme scrivania delimitava tutta una serie di computer e altri apparecchi *hardware* che non riconobbi.

Mi sedetti al suo fianco mentre tutta quella attrezzatura, che certamente per lui era un cosmo naturale, ai miei occhi appariva come un groviglio di macchine ostili e opprimenti.

Gli consegnai un piccolo *hard disk* contenente tutto il nostro materiale e iniziai a parlargli del progetto, di come avevamo operato e di ciò che volevamo ottenere.

Non omisi nulla, anzi, sottolineai che tutto il lavoro era stato fin dall'inizio concepito come un progetto a basso costo.

L'idea delle interviste, per così dire rubate, lo fece sorridere. Lo presi come un segno di apprezzamento.

Infine, gli consegnai la sceneggiatura e aspettai che la leggesse.

Intanto, pensavo alla strategia da adottare per persuaderlo ad accettare il lavoro a titolo completamente gratuito.

Mi aveva offerto un caffè con cannella e miele; mi piacque, aveva un gusto particolare, direi... riscaldante.

Sorseggiavo la bevanda calda e lo osservavo mentre era assorto nella lettura.

Un uomo particolare, dalle movenze delicate, eleganti, che celavano un certo fascino.

Le mani, ossute, dalle dita lunghe e affusolate, parevano quasi femminili. A pensarci bene, era difficile capire se in lui prevalesse un'impronta femminile o mascolina. Era qualcosa di disorientante.

Quando ebbe finito di leggere, chiuse la sceneggiatura, accavallò le gambe e mi guardò dritta in viso.

"Interessante, davvero interessante. Un lavoro originale, ben scritto. E lasciamelo dire, l'idea delle interviste la trovo fantastica. Se hai pochi denari non ci sono molte vie d'uscita, e qui ne avete trovata una davvero geniale."

Ero lusingata dalle sue parole ma non sapevo cosa fare. Inventarmi l'ennesimo sotterfugio mi parve una forzatura. Quell'uomo poteva essere molte cose, ma di certo non dava l'idea di uno sprovveduto. Ero sicura che qualunque invenzione partorissi non avrebbe funzionato.

Avevo bisogno di allentare la presa, così deviai il discorso facendogli delle domande sul suo lavoro e sulla scelta di lavorare in casa.

La mia strategia funzionò, perché d'un tratto stavamo lì seduti sul divano in pelle bianca a parlottare amichevolmente.

Alla fine, fu lui a riprendere il discorso.

"Ora guardiamo il materiale che mi hai portato così potrò rendermi conto del lavoro, poi, se è fattibile, parleremo dei costi."

Lo disse sorridendo, e non decifrai cosa volesse esattamente comunicarmi con quella sua espressione; era forse un tantino maligno quell'atteggiamento o era consapevole delle mie tasche vuote? Oppure la cosa lo divertiva? Mi versai dell'altro caffè e aspettai impaziente.

Quando ebbe finito venne a sedersi sul divano al mio fianco. I suoi occhi brillavano di gioia e il suo sorriso era calmo e gentile. Pareva che avesse le idee chiare. Sia sul lavoro da fare, sia sulla mia situazione economica.

Mi osservò per qualche secondo poi disse: "Dunque, il materiale è buono, sono convinto che possiamo ottenere il risultato che speri, ma il lavoro è impegnativo e i costi...".

Lo interruppi bruscamente con un cenno della mano. Dovevo scoprire le mie carte, non potevo mentire ed ero convinta che solo la verità mi avrebbe potuto dare qualche possibilità di spuntarla.

"Ehm... scusa – affermai titubante - c'è una cosa che devo dirti."

Il suo sorriso si allargò illuminando il suo volto.

Continuai. "Purtroppo - ehm... - abbiamo esaurito il nostro *budget*. Volevo parlartene da subito ma ho preferito che ti rendessi conto di che tipo di lavoro si trattasse."

Allora lui m'interruppe.

"E quindi cosa avevi pensato? Dovrei lavorare gratis? Non smetteva di sorridere e la cosa iniziava ad irritarmi.

"Beh... non proprio, volevo proporti di entrare nel progetto con noi. I guadagni arriveranno, ne sono certa, e potrai avere quanto ti spetta!"

"Ah, ah, ah, ah"; la sua risata mi raggelò il sangue. Mi prendeva forse in giro? Era divertito da quella ragazzina sprovveduta che gli chiedeva di lavorare gratis?

Il mio volto aveva evidentemente assunto un'espressione seria perché s'interruppe e disse: "Tranquilla, rido perché fin dall'inizio l'avevo messo in conto. Avevo capito da subito che il problema erano i soldi. Avevi messo molta enfasi sul fatto che si trattasse di un lavoro a basso costo, l'hai ripetuto più volte durante il tuo discorso. Ma ti dico questo, di solito non accetterei una proposta simile, non lavoro in questo modo."

C'era un "ma" in quella risposta? Forse lo avevo convinto?

"Dicevo, non lavoro in questo modo, ma tutto questo mi incuriosisce, tutta l'idea, anche la sceneggiatura mi piace. Soprattutto le riprese e le interviste sono davvero buone."

"Quindi, ci stai?" chiesi interrompendolo, facendomi strada nel suo discorso come un turbine travolgente.

Le sue labbra si incurvarono in un sorriso contagioso, un'esplosione di gioia che si diffuse nel suo volto.

"Oh, certo che ci sto!", rispose lasciando trasparire tutto il suo entusiasmo. "Voglio investire su di te e sul tuo progetto."

Mandai giù il caffè rimasto tutto d'un fiato, cercando una compostezza nel fitto intreccio di emozioni che mi pervadevano.

"Attenta, il mio caffè è capace di tenere sveglio anche un elefante e tu ne hai bevuto un bel po'!"

Ci salutammo amichevolmente, ma prima di uscire Filippo si raccomandò: "Da domani dovrai pensare solo a questo, ti voglio qui ogni mattina alle sette, concentrata e determinata. Niente distrazioni, c'è molto da lavorare. Ho bisogno che tu ne sia consapevole."

Lo rassicurai: "Certo, tranquillo, vedrai che sarò più che determinata."

Eravamo strafelici. La squadra fu immediatamente informata e rassicurata dal fatto che la realizzazione del film era ormai una certezza e così tutti si focalizzarono sull'organizzazione della promozione.

Manu si prese qualche giorno per concentrarsi sullo studio che stava portando avanti con Luca sui pozzi sacri della Sardegna.

Io avrei voluto contattare Luca, se non altro per spiegargli il motivo per cui ero sparita, ma lavoravo tutto il giorno con Filippo al montaggio e non avevo tempo di occuparmi d'altro.

Filippo era un professionista incredibile. Molto preciso e pignolo. Di rado, se non per mangiare qualcosa, ci concedevamo delle pause dal lavoro, e per quanto fosse davvero faticoso ero così entusiasta e motivata che spesso dimenticavo che ora fosse o che lo stomaco si lamentasse dei lunghi digiuni.

L'unica cosa che mandavo giù era quel suo caffè alla cannella; ormai non potevo più farne a meno.

Dopo settimane di lavoro, il montaggio era pronto. Così ci ritrovammo tutti a casa di Filippo.

Quando finimmo di vedere il film, un'emozione vibrante s'impossessò di ognuno di noi. Elena aveva gli occhi lucidi, Manu sprizzava felicità, Andrea aveva un'espressione un po' stralunata ed un sorriso stampato che gli storceva le labbra di sbieco verso l'alto.

Io e Filippo quel film l'avevamo già visto naturalmente, ma rivederlo con gli altri ci provocò comunque una forte emozione.

Una lacrima scivolò dai miei occhi, l'asciugai, mi ricomposi.

"Dunque, che ne pensate?"

Il silenzio, che si udiva fin da quando era terminata la proiezione si ruppe in una esplosione collettiva di urla e salti di gioia.

Avevamo raggiunto il nostro obiettivo, avevamo fatto un ottimo lavoro, ora dovevamo solo scoprire cosa ne pensasse il pubblico. E questo ci terrorizzava.

Capitolo 17

Il libero arbitrio è un diritto, ma anche una responsabilità.
Decidi dunque. Quello che fai definisce chi sei, ma preparati
ad affrontare le conseguenze, che non necessariamente
riguardano solo te stessa.

Roma, agosto

Il clima piovoso di fine agosto preannunciava l'arrivo dell'autunno. Le giornate si erano accorciate, i colori della natura lievemente ingialliti e gli odori delle vie inzuppate dall'acquazzone segnavano la fine di quell'estate faticosa e ricolma di angosce che il caldo opprimente aveva reso ancora più pesanti. Ma non finiva solo l'estate, avevamo concluso anche il nostro progetto e per me il momento tanto atteso era arrivato; il mio sogno si stava avverando.

Non era importante, pensai, che il film avesse successo, ciò che contava era averlo realizzato. Mentivo a me stessa, il successo avrebbe dato un senso di completezza a tutto il lavoro.

Le cose tra me e Luca si erano alquanto raffreddate, non ci eravamo più incontrati. Di lì ad un'ora lo avrei nuovamente rivisto e un certo nervosismo permeava l'aria per quel tempo d'attesa.

Non avevo ancora deciso se parlargli dei miei dubbi. Ancora temevo la sua reazione. Ero consapevole che non c'erano vie d'uscita; volevo parlarne con lui e il distacco che avevo provocato non mi rendeva quel compito facile.

Arrivai puntuale. Mi accolse come sempre, tuttavia percepivo una certa freddezza da parte sua. Era comprensibile.

Ci accomodammo intorno alla scrivania che fungeva da tavolo di un salotto inesistente. Liberò il piano dal materiale cartaceo che lo subissava, stappò una bottiglia di vino e brindammo.

Rimasi un po' infastidita da quel brindisi così generico, ma forse volevo troppo. Un "A NOI!" lo avrei gradito, ma capivo che in quel frangente era chiedere troppo.

Lo avevo allontanato, e se fossi stata al suo posto probabilmente mi sarei comportata nella stessa maniera, forse anche in modo più distaccato di lui.

Mi resi conto che amavo stare con quel ragazzo più di quanto avrei immaginato. In quelle ultime settimane ero stata così assorbita dal lavoro che avevo messo da parte tutta la mia vita privata. Ogni altra questione durante quella fase doveva essere necessariamente accantonata.

Ora ero lì ben felice di ritrovarmi con lui. Sentivo la necessità di godere della sua presenza e comunque ero determinata a voler chiarire la nostra situazione.

Dopo aver bevuto un sorso di vino e scambiato qualche convenevole, mi decisi a parlare chiaro.

"Devo dirti qualcosa su cui ho riflettuto a lungo, che riguarda noi, il nostro rapporto...". Luca intervenne senza lasciarmi il tempo di spiegare.

"Debora, anch'io devo dirti qualcosa."

Si alzò e si diresse verso la portafinestra. Attraverso la tenda filtrava la luce plumbea del cielo gravido di pioggia. Cercai di nascondere la mia angoscia che aveva mutato il mio aspetto.

Ora non temevo più le conseguenze di ciò che gli avrei detto, ma ero terrorizzata da ciò che lui mi voleva dire. Ci fu una pausa, Luca osservava l'esterno attraverso la finestra. Con lo sguardo perso nel vuoto riprese a parlare: "E' successa una cosa, ehm sai... sei sparita e non sapevo proprio cosa pensare. Poi... sì, insomma, ho conosciuto una ragazza, ci siamo frequentati e sai come vanno certe cose...".

Provai una sensazione di impatto, come se mi avesse investito qualcosa di solido e pesante.

Mi mancava l'aria, il battito era accelerato e stavo andando in panico. Ma dovevo reagire, dovevo calmarmi e interrompere quel suo racconto. Non era necessario che finisse, avevo capito anche troppo bene come si erano messe le cose.

"Ho capito!" Lo dissi con voce tenue e rauca. Cercai di correggermi schiarendomi la gola, poi proseguii: "Non c'è bisogno che continui, è chiaro. Del resto, nessuno dei due doveva qualcosa all'altro e io non mi sono più fatta sentire...".

Mi alzai di scatto: "Bene, tolgo il disturbo. Grazie per il vino e per... tutto!"

Luca non disse niente, ci guardammo per qualche secondo poi filai via.

Una volta per strada inspirai profondamente, volevo a tutti i costi che sparisse quel senso di costrizione che mi opprimeva.

Rientrai ad Alghero accompagnata da un vortice di pensieri che passavano in rassegna ogni più piccolo momento vissuto con lui, ogni mia perplessità e ogni ripensamento; tutto mi pareva così assurdo e senza senso.

Mi dissi che dovevo reagire, che non volevo né potevo deprimermi. Mentre mi bacchettavo mentalmente cercavo di motivarmi.

Ad accogliermi in casa trovai Manu che canticchiava allegramente mentre si preparava un caffè: "Ciao, faccio il caffè ne vuoi?"

"No grazie! C'è del vino?"

"Del vino dici? Certamente, te lo verso subito!"

Era evidente la sua euforia; Manu era completamente in estasi. Non c'è niente di peggio quando ti senti giù, di vedere la tua amica felice come una pasqua.

Manu si sedette, mi porse il vino e prese a sorseggiare il suo caffè. Aveva il viso raggiante, mi guardava e sorrideva. Mi sarei aspettata che la sua "antenna scova inganni" captasse il mio umore nero, invece niente. Mi guardò fissa, poi affermò: "E' successo qualcosa!"

Non era una domanda, ma stavo per risponderle lo stesso, invece disse: "Ho frequentato un uomo per un po'. Non ti avevo detto niente perché non sapevo ancora bene come la situazione si sarebbe sviluppata, e poi eri troppo presa dal montaggio del film."

"Mah... come... quando?"

"Insomma, all'inizio ero diffidente, lo sai come sono... ma poi piano, piano mi sono sciolta."

Rise: "Ah, ah, ah, ah – e poi continuò – sai, lui è fantastico e... sì, insomma, questa volta è quello giusto... eh, eh, eh, eh."

Mi complimentai con lei, ero contenta che Manu fosse felice. La coltre di tristezza però copriva come un lenzuolo il sentimento di felicità che provavo a vederla così raggiante.

Inoltre, non potevo non notare un certo "subdolo umorismo" in tutta la faccenda: Mentre venivo respinta dall'uomo che avrei voluto accanto, la mia amica iniziava una nuova entusiasmante storia che sembrava per lei molto importante. La sua felicità non riuscì a mitigare la tristezza che provavo, ma, a quanto pare le cose, certe volte vanno così.

Cambiò argomento: "Fra poco ci sarà la prima del nostro film, sei eccitata? Io non sto nella pelle."

"Sì, ma sono anche preoccupata, ho paura di come potrebbe andare."

"Dai... smettila, andrà bene. Anzi benissimo!"

Filippo con le sue conoscenze era riuscito ad ottenere, per la prima della proiezione il cinema Adriano a Roma.

Era perfetto. Una *location* importante. Tremavo all'idea, ma nello stesso tempo ero entusiasta.

Avevamo promosso il nostro film in ogni piattaforma possibile.

Io avevo postato un video promozionale su YouTube. Insomma, c'eravamo dati tutti da fare.

I giorni si susseguirono piatti e interminabili. Non volevo pensare, lo temevo. Temevo di cadere in un fossato profondo e scuro dal quale avevo la sensazione che non sarei più risalita. Forse esageravo. Era chiaro, era il mio pessimismo che cercava di prendere il sopravvento.

Manu era troppo presa, sembrava un tornado in azione, io mi concedevo i miei spazi, volevo ridurre al minimo la mia presenza al cospetto della sua allegria.

Finalmente arrivò il giorno della prima.

Avevamo appuntamento davanti al cinema mezz'ora prima dell'inizio della proiezione.

Arrivai in piazza Cavour che il sole era ormai già pallido. Alle mie spalle l'imponente palazzo della Corte Suprema proprio di fronte alla piazza, e giù in fondo il cinema Adriano con i suoi archi e le tre pensiline in facciata. In alto, su entrambi i lati, le grandi locandine con i titoli dei film.

Attraversi la piazza lentamente senza mai distogliere lo sguardo dal luogo della rappresentazione. Avevo la sensazione di girare una scena a rallentatore, solo che non capivo; ero io ad avvicinarmi all'edificio o era il teatro che si muoveva verso di me?

Sul bordo della piazza, prima di attraversare, ero in grado di leggere il titolo del film: "Alla ricerca del corallo perduto."

Un gorgoglio ribollente d'orgoglio mi fece avvampare. C'ero riuscita, il mio sogno era lì davanti a me. Non era più un sogno, ora era realtà.

All'improvviso mi resi conto che era finita, tutto finiva lì. Il viaggio per arrivare a quel giorno era stato complicato, ma entusiasmante e indimenticabile allo stesso tempo. Quindi?

Era semplice. "Non importa la meta, ciò che conta è il viaggio."

Manu era con gli altri davanti all'ingresso del cinema. Mi vide e mi venne incontro. In breve, mi fu accanto.

"Allora? Come va? Sei sulle nuvole come me?"

"Ah, ah, ah... Certo Manu, lo sono. Ma...".

"Che ma? Non fare la disfattista eh! Godiamoci questo momento, non rompere."

"Ah, ah, ah... no, tranquilla, ho la testa proiettata verso il mio sogno."

"Sogno? Ma cosa? Non era questo il tuo sogno?"

"Eh, eh, eh certo lo era, ma ora ne ho uno nuovo!"

Mi stampai un sorriso di cartone dettato dalla soddisfazione di aver individuato un nuovo traguardo da raggiungere.

"Uno nuovo? Ma porc...".

"Certo! Tutta questa storia deve essere raccontata, e chi lo può fare se non io? Scriverò un romanzo!"

Manu s'immobilizzò guardandomi fissa. Era come il fermo immagine della pubblicità di qualche dentifricio in cui si metteva in bella mostra uno smagliante sorriso che faceva risaltare una bianca dentatura.

"Beh? Ti sei bloccata? Ah, ah, ah, ah."

"Sai, non sono affatto sorpresa. Conoscendoti non potevo aspettarmi altro. Però ora vuoi goderti il momento o no?"

"Ma certo! Andiamo, stanno per iniziare."

"Sai, non credo che riuscirò a guardare il film. Credo che starò tutto il tempo a osservare il pubblico per capire dalle loro reazioni cosa ne pensa la gente."

"Vero; in pratica noi guarderemo un altro film. La gente è uno spettacolo."

Rise di gusto: "Ah, ah, ah, ah… Dici bene Deby!"

Sorridevamo compiaciute mentre ci incamminavamo verso il cinema Adriano con il cuore leggero certe di aver fatto del nostro meglio e ben consapevoli che avremmo vissuto altri viaggi tentando di realizzare nuovi sogni.

Conclusione

La creatività è un dono potente. Ha il potere di spingerti oltre. Oltre i tuoi limiti, oltre ogni pigrizia, Oltre l'immaginabile. È un dono prezioso come l'amicizia, come l'amore.

Alghero, settembre

I luoghi visitati da Debora e Manu

Il viaggio continua...

www.voglioandareadalghero.com

© 2023 - Tutti i diritti riservati Nartèus S.r.l.
https://www.narteus.it
www.voglioandareadalghero.com
Pagina Facebook: voglioandareadalghero